KUMON MATH WORKBOOKS

Grade 2

Subtraction

Table of Contents

KUM☺N

1 Subtract.

2 points per question

(1) $3 - 1 =$

(2) $5 - 1 =$

(3) $4 - 1 =$

(4) $6 - 1 =$

(5) $8 - 1 =$

(6) $9 - 1 =$

(7) $7 - 1 =$

(8) $10 - 1 =$

(9) $4 - 2 =$

(10) $7 - 2 =$

(11) $5 - 2 =$

(12) $6 - 2 =$

(13) $8 - 2 =$

(14) $10 - 2 =$

(15) $11 - 2 =$

(16) $9 - 2 =$

(17) $5 - 3 =$

(18) $4 - 3 =$

(19) $3 - 3 =$

(20) $6 - 3 =$

(21) $8 - 3 =$

(22) $7 - 3 =$

(23) $9 - 3 =$

(24) $10 - 3 =$

(25) $11 - 3 =$

Subtract.

(1) $7 - 1 =$

(2) $6 - 3 =$

(3) $5 - 2 =$

(4) $9 - 1 =$

(5) $8 - 2 =$

(6) $3 - 3 =$

(7) $4 - 2 =$

(8) $8 - 1 =$

(9) $11 - 3 =$

(10) $4 - 1 =$

(11) $10 - 2 =$

(12) $8 - 3 =$

(13) $6 - 2 =$

(14) $6 - 1 =$

(15) $9 - 3 =$

(16) $11 - 2 =$

(17) $5 - 1 =$

(18) $7 - 3 =$

(19) $3 - 1 =$

(20) $7 - 2 =$

(21) $10 - 3 =$

(22) $3 - 2 =$

(23) $10 - 1 =$

(24) $9 - 2 =$

(25) $12 - 3 =$

Do you remember your subtraction?

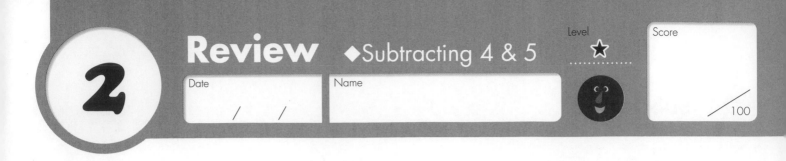

Review ◆Subtracting 4 & 5

2

Level ☆

Score

/100

Date / /

Name

1 Subtract.

2 points per question

(1) $7 - 4 =$

(2) $8 - 4 =$

(3) $9 - 4 =$

(4) $13 - 4 =$

(5) $12 - 4 =$

(6) $11 - 4 =$

(7) $10 - 4 =$

(8) $6 - 4 =$

(9) $5 - 4 =$

(10) $4 - 4 =$

(11) $9 - 4 =$

(12) $11 - 4 =$

(13) $13 - 4 =$

(14) $9 - 5 =$

(15) $8 - 5 =$

(16) $7 - 5 =$

(17) $14 - 5 =$

(18) $13 - 5 =$

(19) $12 - 5 =$

(20) $11 - 5 =$

(21) $10 - 5 =$

(22) $5 - 5 =$

(23) $6 - 5 =$

(24) $11 - 5 =$

(25) $14 - 5 =$

2 Subtract.

(1) $7 - 5 =$

(2) $8 - 4 =$

(3) $10 - 5 =$

(4) $9 - 4 =$

(5) $11 - 5 =$

(6) $13 - 4 =$

(7) $12 - 5 =$

(8) $4 - 4 =$

(9) $14 - 5 =$

(10) $6 - 4 =$

(11) $10 - 5 =$

(12) $9 - 4 =$

(13) $13 - 5 =$

(14) $11 - 4 =$

(15) $5 - 5 =$

(16) $6 - 4 =$

(17) $8 - 5 =$

(18) $12 - 4 =$

(19) $13 - 5 =$

(20) $10 - 4 =$

(21) $6 - 5 =$

(22) $7 - 4 =$

(23) $12 - 5 =$

(24) $8 - 4 =$

(25) $9 - 5 =$

When you're finished, don't forget to check your answers!

3

Review

Date / /
Name
Level ☆
Score /100

1 Subtract.

2 points per question

(1) $9 - 3 =$

(2) $9 - 6 =$

(3) $9 - 4 =$

(4) $9 - 5 =$

(5) $10 - 4 =$

(6) $10 - 6 =$

(7) $10 - 7 =$

(8) $10 - 3 =$

(9) $10 - 0 =$

(10) $11 - 4 =$

(11) $11 - 7 =$

(12) $11 - 2 =$

(13) $11 - 9 =$

(14) $12 - 9 =$

(15) $12 - 3 =$

(16) $12 - 4 =$

(17) $12 - 8 =$

(18) $12 - 7 =$

(19) $12 - 5 =$

(20) $13 - 5 =$

(21) $13 - 8 =$

(22) $13 - 7 =$

(23) $13 - 6 =$

(24) $13 - 4 =$

(25) $13 - 9 =$

Subtract.

2 points per question

(1) $10 - 8 =$

(2) $12 - 6 =$

(3) $11 - 6 =$

(4) $10 - 7 =$

(5) $13 - 9 =$

(6) $11 - 7 =$

(7) $9 - 6 =$

(8) $12 - 4 =$

(9) $10 - 5 =$

(10) $13 - 8 =$

(11) $11 - 6 =$

(12) $12 - 7 =$

(13) $10 - 9 =$

(14) $9 - 8 =$

(15) $11 - 5 =$

(16) $13 - 7 =$

(17) $10 - 6 =$

(18) $9 - 0 =$

(19) $10 - 8 =$

(20) $12 - 9 =$

(21) $11 - 8 =$

(22) $13 - 6 =$

(23) $12 - 8 =$

(24) $10 - 7 =$

(25) $13 - 5 =$

Let's review some more subtraction!

7

1 Subtract.

2 points per question

(1) $10 - 2 =$

(2) $10 - 8 =$

(3) $11 - 3 =$

(4) $11 - 8 =$

(5) $12 - 7 =$

(6) $12 - 5 =$

(7) $13 - 8 =$

(8) $13 - 5 =$

(9) $13 - 7 =$

(10) $13 - 6 =$

(11) $14 - 5 =$

(12) $14 - 9 =$

(13) $14 - 7 =$

(14) $14 - 6 =$

(15) $14 - 8 =$

(16) $15 - 6 =$

(17) $15 - 9 =$

(18) $15 - 8 =$

(19) $15 - 7 =$

(20) $16 - 8 =$

(21) $16 - 9 =$

(22) $16 - 7 =$

(23) $17 - 9 =$

(24) $17 - 8 =$

(25) $18 - 9 =$

Subtract.

(1) $14 - 8 =$

(2) $13 - 6 =$

(3) $11 - 9 =$

(4) $14 - 7 =$

(5) $16 - 9 =$

(6) $15 - 7 =$

(7) $17 - 8 =$

(8) $14 - 9 =$

(9) $12 - 5 =$

(10) $11 - 8 =$

(11) $10 - 0 =$

(12) $14 - 6 =$

(13) $16 - 8 =$

(14) $13 - 7 =$

(15) $12 - 4 =$

(16) $15 - 8 =$

(17) $17 - 9 =$

(18) $14 - 5 =$

(19) $10 - 7 =$

(20) $11 - 6 -$

(21) $13 - 8 =$

(22) $18 - 9 =$

(23) $15 - 6 =$

(24) $14 - 8 =$

(25) $16 - 7 =$

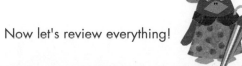

Now let's review everything!

9

Review

5

Level ☆

Date   /   /

Name

Score   /100

1 Subtract.

2 points per question

(1) $9 - 3 =$

(2) $7 - 1 =$

(3) $6 - 2 =$

(4) $10 - 3 =$

(5) $11 - 2 =$

(6) $10 - 1 =$

(7) $11 - 3 =$

(8) $9 - 1 =$

(9) $8 - 2 =$

(10) $12 - 3 =$

2 Subtract.

3 points per question

(1) $9 - 4 =$

(2) $13 - 5 =$

(3) $12 - 4 =$

(4) $5 - 5 =$

(5) $7 - 4 =$

(6) $10 - 5 =$

(7) $6 - 4 =$

(8) $8 - 5 =$

(9) $11 - 4 =$

(10) $14 - 5 =$

Subtract.

(1) $12 - 7 =$

(2) $13 - 9 =$

(3) $10 - 6 =$

(4) $11 - 8 =$

(5) $9 - 7 =$

(6) $11 - 5 =$

(7) $12 - 9 =$

(8) $9 - 6 =$

(9) $13 - 7 =$

(10) $10 - 8 =$

 Subtract.

3 points per question

(1) $16 - 8 =$

(2) $18 - 9 =$

(3) $15 - 7 =$

(4) $14 - 8 =$

(5) $17 - 9 =$

(6) $15 - 6 =$

(7) $17 - 8 =$

(8) $16 - 7 =$

(9) $15 - 9 =$

(10) $14 - 7 =$

All right! Let's try some bigger numbers now!

1 Subtract.

2 points per question

(1) $10 - 1 =$

(2) $11 - 1 =$

(3) $12 - 1 =$

(4) $15 - 1 =$

(5) $16 - 1 =$

(6) $17 - 1 =$

(7) $11 - 2 =$

(8) $12 - 2 =$

(9) $13 - 2 =$

(10) $16 - 2 =$

(11) $17 - 2 =$

(12) $18 - 2 =$

(13) $19 - 2 =$

(14) $12 - 3 =$

(15) $13 - 3 =$

(16) $17 - 3 =$

(17) $18 - 3 =$

(18) $14 - 4 =$

(19) $15 - 4 =$

(20) $19 - 4 =$

(21) $20 - 4 =$

(22) $15 - 5 =$

(23) $16 - 5 =$

(24) $19 - 5 =$

(25) $20 - 5 =$

Subtract.

(1) $15-6=$

(2) $16-6=$

(3) $17-6=$

(4) $19-6=$

(5) $20-6=$

(6) $16-7=$

(7) $17-7=$

(8) $18-7=$

(9) $20-7=$

(10) $17-8=$

(11) $18-8=$

(12) $19-8=$

(13) $20-8=$

(14) $18-9=$

(15) $19-9=$

(16) $20-9=$

(17) $11-10=$

(18) $12-10=$

(19) $16-10=$

(20) $17-10=$

(21) $18-10=$

(22) $12-11=$

(23) $13-11=$

(24) $18-11=$

(25) $19-11=$

Don't forget to check your answers when you're done!

1 **Subtract.**

2 points per question

(1) 13−11=

(2) 14−11=

(3) 13−12=

(4) 14−12=

(5) 15−12=

(6) 18−12=

(7) 20−12=

(8) 14−13=

(9) 16−13=

(10) 18−13=

(11) 15−14=

(12) 16−14=

(13) 19−14=

(14) 16−15=

(15) 17−15=

(16) 18−15=

(17) 20−15=

(18) 17−16=

(19) 18−16=

(20) 19−16=

(21) 20−16=

(22) 18−17=

(23) 19−17=

(24) 19−18=

(25) 20−18=

2 points per question

(1) $18 - 1 =$

(2) $19 - 1 =$

(3) $20 - 1 =$

(4) $20 - 2 =$

(5) $20 - 3 =$

(6) $20 - 6 =$

(7) $20 - 7 =$

(8) $20 - 9 =$

(9) $20 - 10 =$

(10) $20 - 11 =$

(11) $20 - 14 =$

(12) $20 - 16 =$

(13) $20 - 18 =$

(14) $18 - 11 =$

(15) $18 - 9 =$

(16) $19 - 9 =$

(17) $19 - 10 =$

(18) $19 - 12 =$

(19) $19 - 16 =$

(20) $20 - 16 =$

(21) $20 - 12 =$

(22) $20 - 8 =$

(23) $20 - 5 =$

(24) $20 - 15 =$

(25) $20 - 19 =$

All right! You made it! Let's try something new!

1 Subtract.

2 points per question

(1) $9 - 4 = \boxed{}$

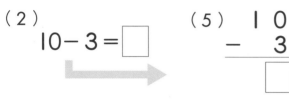

(4)
$$\begin{array}{r} 9 \\ -\ 4 \\ \hline \boxed{} \end{array}$$
☞ Write the answer here.

(2) $10 - 3 = \boxed{}$

(5)
$$\begin{array}{r} 10 \\ -\ 3 \\ \hline \boxed{} \end{array}$$

(7) $10 - 7 = \boxed{}$

(9)
$$\begin{array}{r} 10 \\ -\ 7 \\ \hline \boxed{} \end{array}$$

(3) $10 - 5 = \boxed{}$

(6)
$$\begin{array}{r} 10 \\ -\ 5 \\ \hline \boxed{} \end{array}$$

(8) $10 - 9 = \boxed{}$

(10)
$$\begin{array}{r} 10 \\ -\ 9 \\ \hline \boxed{} \end{array}$$

2 Subtract.

2 points per question

(1)
$$\begin{array}{r} 10 \\ -\ 4 \\ \hline \end{array}$$

(4)
$$\begin{array}{r} 11 \\ -\ 3 \\ \hline \end{array}$$

(7)
$$\begin{array}{r} 11 \\ -\ 6 \\ \hline \end{array}$$

(10)
$$\begin{array}{r} 11 \\ -\ 9 \\ \hline \end{array}$$

(2)
$$\begin{array}{r} 10 \\ -\ 6 \\ \hline \end{array}$$

(5)
$$\begin{array}{r} 11 \\ -\ 5 \\ \hline \end{array}$$

(8)
$$\begin{array}{r} 11 \\ -\ 8 \\ \hline \end{array}$$

(3)
$$\begin{array}{r} 10 \\ -\ 8 \\ \hline \end{array}$$

(6)
$$\begin{array}{r} 11 \\ -\ 4 \\ \hline \end{array}$$

(9)
$$\begin{array}{r} 11 \\ -\ 7 \\ \hline \end{array}$$

3 Subtract.

(1)
$$\begin{array}{r} 1\ 2 \\ -\ \ 1 \\ \hline \square\ \square \end{array}$$

(6)
$$\begin{array}{r} 1\ 2 \\ -\ \ 6 \\ \hline \end{array}$$

(11)
$$\begin{array}{r} 1\ 3 \\ -\ \ 1 \\ \hline \square\ \square \end{array}$$

(16)
$$\begin{array}{r} 1\ 3 \\ -\ \ 6 \\ \hline \end{array}$$

(2)
$$\begin{array}{r} 1\ 2 \\ -\ \ 2 \\ \hline \end{array}$$

(7)
$$\begin{array}{r} 1\ 2 \\ -\ \ 7 \\ \hline \end{array}$$

(12)
$$\begin{array}{r} 1\ 3 \\ -\ \ 2 \\ \hline \end{array}$$

(17)
$$\begin{array}{r} 1\ 3 \\ -\ \ 7 \\ \hline \end{array}$$

(3)
$$\begin{array}{r} 1\ 2 \\ -\ \ 3 \\ \hline \end{array}$$

(8)
$$\begin{array}{r} 1\ 2 \\ -\ \ 9 \\ \hline \end{array}$$

(13)
$$\begin{array}{r} 1\ 3 \\ -\ \ 3 \\ \hline \end{array}$$

(18)
$$\begin{array}{r} 1\ 3 \\ -\ \ 9 \\ \hline \end{array}$$

(4)
$$\begin{array}{r} 1\ 2 \\ -\ \ 5 \\ \hline \end{array}$$

(9)
$$\begin{array}{r} 1\ 1 \\ -\ \ 8 \\ \hline \end{array}$$

(14)
$$\begin{array}{r} 1\ 3 \\ -\ \ 5 \\ \hline \end{array}$$

(19)
$$\begin{array}{r} 1\ 3 \\ -\ \ 8 \\ \hline \end{array}$$

(5)
$$\begin{array}{r} 1\ 2 \\ -\ \ 4 \\ \hline \end{array}$$

(10)
$$\begin{array}{r} 1\ 2 \\ -1\ 0 \\ \hline \end{array}$$

(15)
$$\begin{array}{r} 1\ 3 \\ -\ \ 4 \\ \hline \end{array}$$

(20)
$$\begin{array}{r} 1\ 3 \\ -1\ 0 \\ \hline \end{array}$$

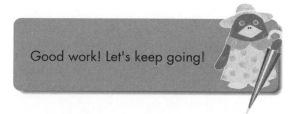

Good work! Let's keep going!

2-Digit Subtraction

Date   /   /

Name

1 Subtract.

2 points per question

(1)
$$\begin{array}{r} 14 \\ -\ 1 \\ \hline \end{array}$$

(2)
$$\begin{array}{r} 14 \\ -\ 3 \\ \hline \end{array}$$

(3)
$$\begin{array}{r} 14 \\ -\ 5 \\ \hline \end{array}$$

(4)
$$\begin{array}{r} 14 \\ -\ 2 \\ \hline \end{array}$$

(5)
$$\begin{array}{r} 14 \\ -\ 4 \\ \hline \end{array}$$

(6)
$$\begin{array}{r} 14 \\ -\ 6 \\ \hline \end{array}$$

(7)
$$\begin{array}{r} 14 \\ -\ 7 \\ \hline \end{array}$$

(8)
$$\begin{array}{r} 14 \\ -\ 9 \\ \hline \end{array}$$

(9)
$$\begin{array}{r} 14 \\ -\ 8 \\ \hline \end{array}$$

(10)
$$\begin{array}{r} 14 \\ -10 \\ \hline \end{array}$$

(11)
$$\begin{array}{r} 15 \\ -\ 1 \\ \hline \end{array}$$

(12)
$$\begin{array}{r} 15 \\ -\ 3 \\ \hline \end{array}$$

(13)
$$\begin{array}{r} 15 \\ -\ 5 \\ \hline \end{array}$$

(14)
$$\begin{array}{r} 15 \\ -\ 2 \\ \hline \end{array}$$

(15)
$$\begin{array}{r} 15 \\ -\ 4 \\ \hline \end{array}$$

(16)
$$\begin{array}{r} 15 \\ -\ 6 \\ \hline \end{array}$$

(17)
$$\begin{array}{r} 15 \\ -\ 7 \\ \hline \end{array}$$

(18)
$$\begin{array}{r} 15 \\ -\ 9 \\ \hline \end{array}$$

(19)
$$\begin{array}{r} 15 \\ -\ 8 \\ \hline \end{array}$$

(20)
$$\begin{array}{r} 15 \\ -10 \\ \hline \end{array}$$

2 Subtract.

3 points per question

(1) 16
    − 1

(2) 16
    − 3

(3) 16
    − 5

(4) 16
    − 7

(5) 16
    − 9

(6) 17
    − 2

(7) 17
    − 4

(8) 17
    − 6

(9) 17
    − 8

(10) 17
     −10

(11) 18
    − 1

(12) 18
    − 3

(13) 18
    − 5

(14) 18
    − 7

(15) 18
    − 9

(16) 19
    − 2

(17) 19
    − 4

(18) 19
    − 6

(19) 19
    − 8

(20) 19
     −10

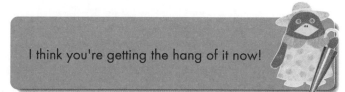

I think you're getting the hang of it now!

2-Digit Subtraction

Level ★★

Score
/100

Date / /

Name

1 Subtract.

2 points per question

(1) 20
    − 1

(2) 20
    − 3

(3) 20
    − 5

(4) 20
    − 2

(5) 20
    − 4

(6) 20
    − 6

(7) 20
    − 7

(8) 20
    − 9

(9) 20
    − 8

(10) 20
    −10

(11) 11
    − 3

(12) 11
    − 5

(13) 11
    − 7

(14) 11
    − 9

(15) 11
    − 6

(16) 21
    − 3

(17) 21
    − 5

(18) 21
    − 7

(19) 21
    − 9

(20) 21
    − 6

② Subtract.

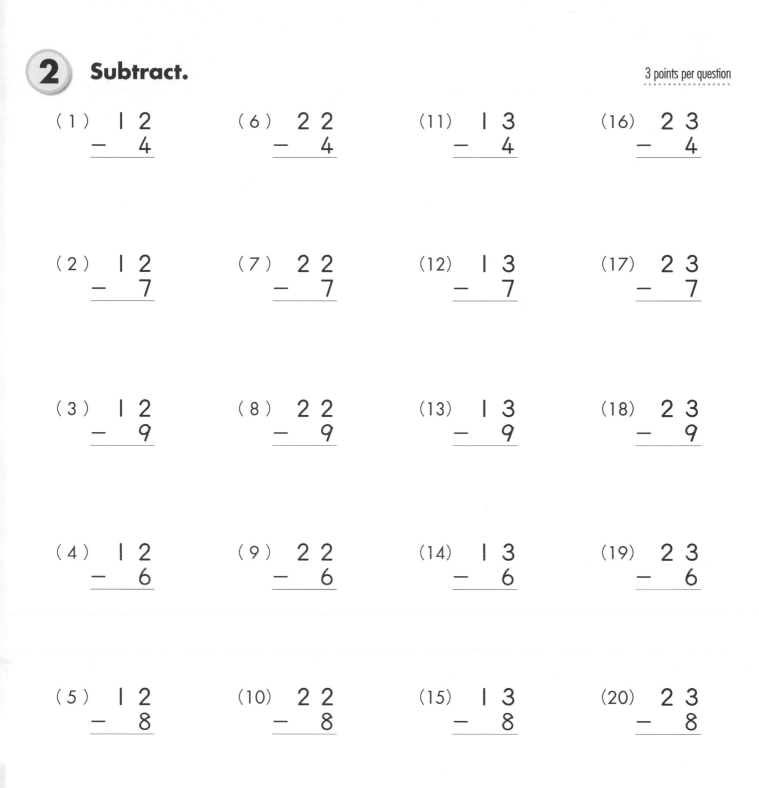

(1)
```
  1 2
-   4
```

(2)
```
  1 2
-   7
```

(3)
```
  1 2
-   9
```

(4)
```
  1 2
-   6
```

(5)
```
  1 2
-   8
```

(6)
```
  2 2
-   4
```

(7)
```
  2 2
-   7
```

(8)
```
  2 2
-   9
```

(9)
```
  2 2
-   6
```

(10)
```
  2 2
-   8
```

(11)
```
  1 3
-   4
```

(12)
```
  1 3
-   7
```

(13)
```
  1 3
-   9
```

(14)
```
  1 3
-   6
```

(15)
```
  1 3
-   8
```

(16)
```
  2 3
-   4
```

(17)
```
  2 3
-   7
```

(18)
```
  2 3
-   9
```

(19)
```
  2 3
-   6
```

(20)
```
  2 3
-   8
```

Nice work! Let's try some bigger numbers!

Level ★★

Date   /   /

Name

Score   /100

1   Subtract.

2 points per question

(1)
```
   1 4
 -   6
```

(2)
```
   1 4
 -   8
```

(3)
```
   1 4
 -   5
```

(4)
```
   1 4
 -   7
```

(5)
```
   1 4
 -   9
```

(6)
```
   2 4
 -   6
```

(7)
```
   2 4
 -   8
```

(8)
```
   2 4
 -   5
```

(9)
```
   2 4
 -   7
```

(10)
```
   2 4
 -   9
```

(11)
```
   3 4
 -   6
```

(12)
```
   3 4
 -   8
```

(13)
```
   3 4
 -   5
```

(14)
```
   3 4
 -   7
```

(15)
```
   3 4
 -   9
```

(16)
```
   4 4
 -   6
```

(17)
```
   4 4
 -   8
```

(18)
```
   4 4
 -   5
```

(19)
```
   4 4
 -   7
```

(20)
```
   4 4
 -   9
```

2 Subtract.

3 points per question

(1) 15
    − 6

(2) 15
    − 8

(3) 15
    − 5

(4) 15
    − 7

(5) 15
    − 9

(6) 25
    − 6

(7) 25
    − 8

(8) 35
    − 5

(9) 35
    − 7

(10) 45
    − 9

(11) 16
    − 6

(12) 16
    − 8

(13) 16
    − 5

(14) 16
    − 7

(15) 16
    − 9

(16) 26
    − 6

(17) 36
    − 8

(18) 46
    − 5

(19) 56
    − 7

(20) 76
    − 9

Let's keep practicing our vertical subtraction!

2-Digit Subtraction

Date / /

Name

Level ☆☆

Score /100

1 Subtract.

2 points per question

(1)   1 1
    −   3

(2)   1 1
    −   6

(3)   1 1
    −   9

(4)   1 1
    −   5

(5)   1 1
    −   8

(6)   2 1
    −   3

(7)   3 1
    −   6

(8)   4 1
    −   9

(9)   5 1
    −   5

(10)   6 1
     −   8

(11)   1 2
     −   3

(12)   1 2
     −   6

(13)   1 2
     −   9

(14)   1 2
     −   5

(15)   1 2
     −   8

(16)   2 2
     −   3

(17)   3 2
     −   6

(18)   4 2
     −   9

(19)   5 2
     −   5

(20)   6 2
     −   8

② Subtract.

(1) 22
    − 3

(2) 22
    − 6

(3) 22
    − 9

(4) 22
    − 4

(5) 22
    − 7

(6) 32
    − 3

(7) 32
    − 6

(8) 42
    − 9

(9) 52
    − 4

(10) 62
     − 7

(11) 13
     − 3

(12) 13
     − 6

(13) 13
     − 9

(14) 13
     − 4

(15) 13
     − 7

(16) 23
     − 3

(17) 33
     − 6

(18) 43
     − 9

(19) 53
     − 4

(20) 63
     − 7

Well done! Let's try with even bigger numbers!

2-Digit Subtraction

Date　　/　　/

Name

Level ★★

Score /100

1 Subtract.

2 points per question

(1)　　3 1
　　−　　4

(6)　　4 1
　　−　　4

(11)　　3 2
　　−　　4

(16)　　3 2
　　−1 4

(2)　　4 1
　　−　　6

(7)　　5 1
　　−　　6

(12)　　4 2
　　−　　6

(17)　　4 2
　　−1 6

(3)　　5 1
　　−　　8

(8)　　6 1
　　−　　8

(13)　　6 2
　　−　　8

(18)　　6 2
　　−1 8

(4)　　6 1
　　−　　5

(9)　　7 1
　　−　　5

(14)　　7 2
　　−　　5

(19)　　7 2
　　−1 5

(5)　　7 1
　　−　　9

(10)　　8 1
　　−　　9

(15)　　9 2
　　−　　9

(20)　　9 2
　　−1 9

Compare each problem on the left with one on its right. For example, look at (1) and (6) . Do you see a pattern?

2 Subtract.

(1)
```
  5 0
-   4
```

(2)
```
  5 0
-   6
```

(3)
```
  5 0
-   8
```

(4)
```
  5 0
-   7
```

(5)
```
  5 0
-   9
```

(6)
```
  5 0
- 1 4
```

(7)
```
  5 0
- 1 6
```

(8)
```
  5 0
- 1 8
```

(9)
```
  5 0
- 1 7
```

(10)
```
  5 0
- 1 9
```

(11)
```
  5 1
-   4
```

(12)
```
  5 1
-   6
```

(13)
```
  5 1
-   8
```

(14)
```
  5 1
-   7
```

(15)
```
  5 1
-   9
```

(16)
```
  5 1
- 1 4
```

(17)
```
  5 1
- 1 6
```

(18)
```
  5 1
- 1 8
```

(19)
```
  5 1
- 1 7
```

(20)
```
  5 1
- 1 9
```

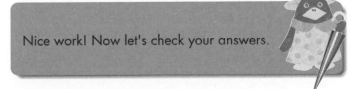

Nice work! Now let's check your answers.

14

2-Digit Subtraction

Level ★★

Date   /   /

Name

Score

/100

1 **Subtract.**

2 points per question

(1)
```
  3 2
-   5
```

(2)
```
  3 2
-   7
```

(3)
```
  3 2
-   9
```

(4)
```
  3 2
-   6
```

(5)
```
  3 2
-   8
```

(6)
```
  5 2
- 1 5
```

(7)
```
  5 2
- 1 7
```

(8)
```
  5 2
- 1 9
```

(9)
```
  5 2
- 1 6
```

(10)
```
  5 2
- 1 8
```

(11)
```
  4 3
-   5
```

(12)
```
  4 3
-   7
```

(13)
```
  4 3
-   9
```

(14)
```
  4 3
-   6
```

(15)
```
  4 3
-   8
```

(16)
```
  4 3
- 1 5
```

(17)
```
  4 3
- 1 7
```

(18)
```
  4 3
- 1 9
```

(19)
```
  4 3
- 1 6
```

(20)
```
  4 3
- 1 8
```

Subtract.

(1) 23
    − 4

(2) 23
    − 7

(3) 23
    − 9

(4) 23
    − 5

(5) 23
    − 8

(6) 53
    − 14

(7) 53
    − 17

(8) 53
    − 19

(9) 53
    − 15

(10) 53
    − 18

(11) 60
    − 4

(12) 60
    − 7

(13) 60
    − 9

(14) 60
    − 5

(15) 60
    − 8

(16) 60
    − 14

(17) 60
    − 17

(18) 60
    − 19

(19) 60
    − 15

(20) 60
    − 18

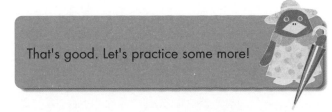

That's good. Let's practice some more!

15 2-Digit Subtraction

Level ★★

Score /100

1 Subtract.

2 points per question

(1)
```
  6 2
-   3
```

(6)
```
  6 2
- 1 3
```

(11)
```
  7 4
-   3
```

(16)
```
  7 4
- 2 3
```

(2)
```
  6 2
-   5
```

(7)
```
  6 2
- 1 5
```

(12)
```
  7 4
-   5
```

(17)
```
  7 4
- 2 5
```

(3)
```
  6 2
-   7
```

(8)
```
  6 2
- 1 7
```

(13)
```
  7 4
-   7
```

(18)
```
  7 4
- 2 7
```

(4)
```
  6 2
-   6
```

(9)
```
  6 2
- 1 6
```

(14)
```
  7 4
-   6
```

(19)
```
  7 4
- 2 6
```

(5)
```
  6 2
-   8
```

(10)
```
  6 2
- 1 8
```

(15)
```
  7 4
-   8
```

(20)
```
  7 4
- 2 8
```

2 Subtract.

(1) 54
    − 6

(2) 54
    − 8

(3) 54
    − 5

(4) 54
    − 7

(5) 54
    − 9

(6) 54
    −16

(7) 54
    −18

(8) 54
    −15

(9) 54
    −17

(10) 54
    −19

(11) 65
    − 6

(12) 65
    − 8

(13) 65
    − 5

(14) 65
    − 7

(15) 65
    − 9

(16) 65
    −26

(17) 65
    −28

(18) 65
    −25

(19) 65
    −37

(20) 65
    −49

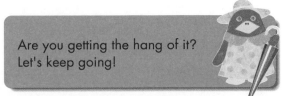

Are you getting the hang of it?
Let's keep going!

2-Digit Subtraction

Date   /   /

Name

Score   /100

1 Subtract.

2 points per question

(1)   5 2
    − 1 3

(2)   5 2
    − 1 6

(3)   5 2
    − 1 9

(4)   5 2
    − 1 7

(5)   5 2
    − 1 8

(6)   7 2
    − 2 3

(7)   7 2
    − 2 6

(8)   7 2
    − 2 9

(9)   7 2
    − 2 7

(10)   7 2
     − 2 8

(11)   7 2
     − 1 3

(12)   7 2
     − 1 6

(13)   7 2
     − 1 9

(14)   7 2
     − 1 7

(15)   7 2
     − 1 8

(16)   7 2
     − 3 3

(17)   7 2
     − 3 6

(18)   7 2
     − 4 9

(19)   7 2
     − 4 7

(20)   7 2
     − 4 8

2 **Subtract.**

3 points per question

(1)
```
  36
- 12
```

(6)
```
  66
- 12
  54
```
✓

(11)
```
  64
- 22
```

(16)
```
  74
- 32
```

(2)
```
  36
- 14
```

(7)
```
  66
- 24
```

(12)
```
  64
- 24
  40
```
✓

(17)
```
  74
- 34
```

(3)
```
  36
- 16
  20
```
✓

(8)
```
  66
- 36
```

(13)
```
  64
- 26
```

(18)
```
  74
- 36
```

(4)
```
  36
- 18
```

(9)
```
  66
- 48
```

(14)
```
  5 14
  6 4
- 2 8
  3 6
```
✓

(19)
```
  74
- 38
```

(5)
```
  36
- 19
```

(10)
```
  5 16
  6 6
- 4 9
  1 7
```
✓

(15)
```
  64
- 27
```

(20)
```
  6 14
  7 4
- 3 7
  3 7
```
✓

Don't forget to check your work
when you're done.

Date 1 / 25 /

Name Kaitlyn Sangese

Score /100

1 Subtract.

2 points per question

(1) 31
−11
20 ✓

(6) 61
−11

(11) 73
−21

(16) 73
−31
42

(2) 31
−12

(7) 61
−22

(12) 73
−32

(17) 73
−42

(3) 31
−13

(8) 61
−33
28

(13) 73
−45

(18) 73
−49

(4) 31
−15

(9) 61
−45

(14) 73
−55

(19) 73
−59

(5) 31
−17

(10) 61
−47
24

(15) 73
−65
□

(20) 73
−69

2 Subtract.

3 points per question

(1) 43
    − 15

(2) 43
    − 17

(3) 43
    − 29

(4) 43
    − 36

(5) 43
    − 38

(6) 53
    − 25

(7) 53
    − 27

(8) 53
    − 39

(9) 53
    − 46

(10) 53
    − 48

(11) 80
    − 10

(12) 80
    − 22

(13) 80
    − 34

(14) 80
    − 46

(15) 80
    − 58

(16) 85
    − 35

(17) 85
    − 47

(18) 85
    − 59

(19) 85
    − 66

(20) 85
    − 78

If you made a mistake, just try the problem again.
You can do it!

2-Digit Subtraction

Level ★★

Date / /

Name

Score /100

1 Subtract.

2 points per question

(1)
```
  5 3
- 1 6
```

(2)
```
  5 3
- 1 8
```

(3)
```
  5 3
- 1 5
```

(4)
```
  5 3
- 1 9
```

(5)
```
  5 3
- 1 7
```

(6)
```
  7 6
- 1 6
```

(7)
```
  7 6
- 2 8
```

(8)
```
  7 6
- 3 5
```

(9)
```
  7 6
- 5 9
```

(10)
```
  7 6
- 6 7
```

(11)
```
  4 4
- 1 7
```

(12)
```
  4 4
- 2 5
```

(13)
```
  4 4
- 2 3
```

(14)
```
  4 4
- 2 9
```

(15)
```
  4 4
- 3 7
```

(16)
```
  7 5
- 2 6
```

(17)
```
  7 5
- 3 8
```

(18)
```
  7 5
- 5 7
```

(19)
```
  7 5
- 6 9
```

(20)
```
  7 5
- 7 5
```

2 Subtract.

3 points per question

(1) $\begin{array}{r} 63 \\ -17 \\ \hline \end{array}$

(6) $\begin{array}{r} 72 \\ -23 \\ \hline \end{array}$

(11) $\begin{array}{r} 74 \\ -16 \\ \hline \end{array}$

(16) $\begin{array}{r} 82 \\ -24 \\ \hline \end{array}$

(2) $\begin{array}{r} 63 \\ -28 \\ \hline \end{array}$

(7) $\begin{array}{r} 72 \\ -36 \\ \hline \end{array}$

(12) $\begin{array}{r} 74 \\ -28 \\ \hline \end{array}$

(17) $\begin{array}{r} 82 \\ -37 \\ \hline \end{array}$

(3) $\begin{array}{r} 63 \\ -36 \\ \hline \end{array}$

(8) $\begin{array}{r} 72 \\ -45 \\ \hline \end{array}$

(13) $\begin{array}{r} 74 \\ -34 \\ \hline \end{array}$

(18) $\begin{array}{r} 82 \\ -50 \\ \hline \end{array}$

(4) $\begin{array}{r} 63 \\ -45 \\ \hline \end{array}$

(9) $\begin{array}{r} 72 \\ -57 \\ \hline \end{array}$

(14) $\begin{array}{r} 74 \\ -47 \\ \hline \end{array}$

(19) $\begin{array}{r} 82 \\ -65 \\ \hline \end{array}$

(5) $\begin{array}{r} 63 \\ -63 \\ \hline \end{array}$

(10) $\begin{array}{r} 72 \\ -68 \\ \hline \end{array}$

(15) $\begin{array}{r} 74 \\ -69 \\ \hline \end{array}$

(20) $\begin{array}{r} 82 \\ -79 \\ \hline \end{array}$

Practice makes perfect! Let's keep going!

2-Digit Subtraction

Date   /   /

Name

Score   /100

1 Subtract.

2 points per question

(1)
```
  2 7
- 1 4
```

(2)
```
  2 7
- 1 2
```

(3)
```
  2 7
- 1 6
```

(4)
```
  2 7
- 1 8
```

(5)
```
  2 7
- 2 3
```

(6)
```
  3 5
- 1 5
```

(7)
```
  3 5
- 1 3
```

(8)
```
  3 5
- 1 7
```

(9)
```
  3 5
- 1 9
```

(10)
```
  3 5
- 2 6
```

(11)
```
  4 2
- 1 4
```

(12)
```
  4 2
- 2 5
```

(13)
```
  4 2
- 3 3
```

(14)
```
  4 2
- 2 9
```

(15)
```
  4 2
- 3 7
```

(16)
```
  5 4
- 1 4
```

(17)
```
  5 4
- 2 5
```

(18)
```
  5 4
- 3 3
```

(19)
```
  5 4
- 3 9
```

(20)
```
  5 4
- 4 7
```

Subtract.

(1) 65
    −24

(2) 65
    −30

(3) 65
    −35

(4) 65
    −46

(5) 65
    −58

(6) 75
    −13

(7) 75
    −25

(8) 75
    −37

(9) 75
    −48

(10) 75
    −69

(11) 64
    −13

(12) 64
    −24

(13) 64
    −35

(14) 64
    −46

(15) 64
    −57

(16) 56
    −26

(17) 54
    −26

(18) 53
    −26

(19) 52
    −37

(20) 51
    −48

Don't forget to check your answers when you're done.

1 Subtract.

2 points per question

(1)
```
  8 3
- 1 9
```

(2)
```
  8 3
- 3 3
```

(3)
```
  8 3
- 5 5
```

(4)
```
  8 3
- 6 7
```

(5)
```
  8 3
- 7 8
```

(6)
```
  8 3
- 2 1
```

(7)
```
  8 3
- 2 4
```

(8)
```
  8 3
- 4 6
```

(9)
```
  8 3
- 7 4
```

(10)
```
  8 3
- 8 1
```

(11)
```
  8 4
- 3 5
```

(12)
```
  8 4
- 5 7
```

(13)
```
  8 4
- 2 9
```

(14)
```
  8 4
- 6 4
```

(15)
```
  8 4
- 7 5
```

(16)
```
  8 5
- 7 2
```

(17)
```
  8 5
- 2 6
```

(18)
```
  8 5
- 5 9
```

(19)
```
  8 5
- 6 7
```

(20)
```
  8 5
- 7 8
```

2 **Subtract.**

3 points per question

(1) 5 4
  − 2 2

(6) 5 3
  − 1 7

(11) 6 4
  − 2 6

(16) 6 3
  − 1 6

(2) 5 4
  − 3 5

(7) 5 3
  − 1 5

(12) 6 4
  − 4 7

(17) 6 2
  − 3 5

(3) 5 4
  − 4 7

(8) 5 3
  − 2 6

(13) 6 4
  − 1 8

(18) 6 1
  − 2 3

(4) 5 4
  − 2 8

(9) 5 3
  − 3 4

(14) 6 4
  − 5 5

(19) 6 0
  − 4 7

(5) 5 4
  − 4 9

(10) 5 3
  − 4 7

(15) 6 4
  − 6 4

(20) 6 0
  − 5 8

You've made a lot of progress.
Keep up the good work!

2-Digit Subtraction

Date   /   /

Name

Score
/100

1 Subtract.

2 points per question

(1)   53
    − 27

(6)   45
    − 19

(11)   58
     − 28

(16)   65
     − 17

(2)   46
    − 16

(7)   56
    − 27

(12)   48
     − 43

(17)   26
     − 18

(3)   43
    − 26

(8)   33
    − 18

(13)   44
     − 29

(18)   56
     − 37

(4)   60
    − 23

(9)   50
    − 35

(14)   53
     − 19

(19)   60
     − 24

(5)   60
    − 36

(10)   50
     − 24

(15)   53
     − 28

(20)   60
     − 15

② Subtract.

3 points per question

(1) 75
    −17

(2) 53
    −31

(3) 43
    −20

(4) 41
    −12

(5) 51
    −13

(6) 86
    −68

(7) 83
    −15

(8) 66
    −37

(9) 59
    −52

(10) 59
    −50

(11) 81
    −36

(12) 68
    −50

(13) 62
    −44

(14) 51
    −22

(15) 61
    −23

(16) 92
    −77

(17) 93
    −29

(18) 90
    −47

(19) 80
    −66

(20) 70
    −69

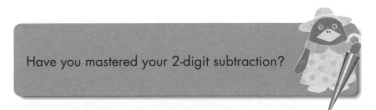

Have you mastered your 2-digit subtraction?

22

2-Digit Subtraction

Level
★★

Date / /

Name

Score

/100

1 **Subtract.**

2 points per question

(1)　 3 5
　 − 　8

(2)　 3 5
　 − 　6

(3)　 4 5
　 − 　9

(4)　 5 0
　 − 　3

(5)　 5 0
　 − 1 3

(6)　 5 2
　 − 1 8

(7)　 5 2
　 − 2 7

(8)　 5 2
　 − 3 6

(9)　 7 1
　 − 2 3

(10)　 7 1
　 − 4 9

(11)　 4 4
　 − 3 4

(12)　 4 4
　 − 1 6

(13)　 4 4
　 − 2 9

(14)　 3 6
　 − 1 5

(15)　 3 6
　 − 2 8

(16)　 8 3
　 − 6 8

(17)　 8 3
　 − 1 8

(18)　 6 6
　 − 3 7

(19)　 4 9
　 − 4 1

(20)　 4 0
　 − 3 7

Subtract.

(1)　　6 5
　　－　　5

(5)　　4 0
　　－3 5

(9)　　7 5
　　－1 8

(13)　　8 3
　　－1 4

(2)　　6 5
　　－2 7

(6)　　8 0
　　－4 7

(10)　　5 3
　　－3 1

(14)　　6 1
　　－2 5

(3)　　5 2
　　－　　6

(7)　　6 2
　　－4 4

(11)　　8 3
　　－5 0

(15)　　7 2
　　－1 9

(4)　　7 2
　　－1 6

(8)　　5 1
　　－2 3

(12)　　8 8
　　－4 5

(16)　　5 4
　　－4 7

(17)　　43 － 26 ＝

(19)　　54 － 19 ＝

(18)　　60 － 38 ＝

(20)　　75 － 66 ＝

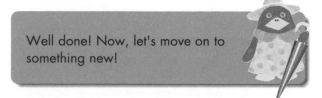

Well done! Now, let's move on to something new!

3-Digit Subtraction

Level ★★

Score /100

1 Subtract.

2 points per question

(1)
```
   7 0
-  2 0
```

(2)
```
   8 0
-  2 0
```

(3)
```
   9 0
-  2 0
```

(4)
```
 1 0 0
-  2 0
```

(5)
```
 1 0 0
-  3 0
```

(6)
```
 1 0 0
-  2 0
```

(7)
```
 1 0 0
-  4 0
```

(8)
```
 1 0 0
-  5 0
```

(9)
```
 1 0 0
-  6 0
```

(10)
```
 1 0 0
-  8 0
```

(11)
```
 1 1 0
-  2 0
```

(12)
```
 1 1 0
-  4 0
```

(13)
```
 1 1 0
-  5 0
```

(14)
```
 1 1 0
-  6 0
```

(15)
```
 1 1 0
-  8 0
```

(16)
```
 1 4 0
-  5 0
```

(17)
```
 1 4 0
-  6 0
```

(18)
```
 1 4 0
-  7 0
```

(19)
```
 1 4 0
-  8 0
```

(20)
```
 1 4 0
-  9 0
```

② Subtract.

3 points per question

(1)
$$\begin{array}{r} 120 \\ -\ 30 \end{array}$$

(6)
$$\begin{array}{r} 110 \\ -\ 30 \end{array}$$

(11)
$$\begin{array}{r} 140 \\ -\ 50 \end{array}$$

(16)
$$\begin{array}{r} 130 \\ -\ 50 \end{array}$$

(2)
$$\begin{array}{r} 120 \\ -\ 50 \end{array}$$

(7)
$$\begin{array}{r} 110 \\ -\ 50 \end{array}$$

(12)
$$\begin{array}{r} 150 \\ -\ 60 \end{array}$$

(17)
$$\begin{array}{r} 140 \\ -\ 60 \end{array}$$

(3)
$$\begin{array}{r} 120 \\ -\ 70 \end{array}$$

(8)
$$\begin{array}{r} 110 \\ -\ 70 \end{array}$$

(13)
$$\begin{array}{r} 150 \\ -\ 70 \end{array}$$

(18)
$$\begin{array}{r} 160 \\ -\ 70 \end{array}$$

(4)
$$\begin{array}{r} 120 \\ -\ 60 \end{array}$$

(9)
$$\begin{array}{r} 110 \\ -\ 60 \end{array}$$

(14)
$$\begin{array}{r} 150 \\ -\ 80 \end{array}$$

(19)
$$\begin{array}{r} 170 \\ -\ 80 \end{array}$$

(5)
$$\begin{array}{r} 120 \\ -\ 90 \end{array}$$

(10)
$$\begin{array}{r} 110 \\ -\ 90 \end{array}$$

(15)
$$\begin{array}{r} 150 \\ -\ 90 \end{array}$$

(20)
$$\begin{array}{r} 180 \\ -\ 90 \end{array}$$

Remember, just take it step by step!
You're doing fine!

3-Digit Subtraction

Level ★★

1 Subtract.

2 points per question

(1)
$$\begin{array}{r} 128 \\ -40 \\ \hline \end{array}$$

(2)
$$\begin{array}{r} 128 \\ -50 \\ \hline \end{array}$$

(3)
$$\begin{array}{r} 128 \\ -70 \\ \hline \end{array}$$

(4)
$$\begin{array}{r} 128 \\ -80 \\ \hline \end{array}$$

(5)
$$\begin{array}{r} 128 \\ -90 \\ \hline \end{array}$$

(6)
$$\begin{array}{r} 136 \\ -40 \\ \hline \end{array}$$

(7)
$$\begin{array}{r} 136 \\ -50 \\ \hline \end{array}$$

(8)
$$\begin{array}{r} 136 \\ -70 \\ \hline \end{array}$$

(9)
$$\begin{array}{r} 136 \\ -80 \\ \hline \end{array}$$

(10)
$$\begin{array}{r} 136 \\ -90 \\ \hline \end{array}$$

(11)
$$\begin{array}{r} 127 \\ -43 \\ \hline \end{array}$$

(12)
$$\begin{array}{r} 127 \\ -53 \\ \hline \end{array}$$

(13)
$$\begin{array}{r} 127 \\ -73 \\ \hline \end{array}$$

(14)
$$\begin{array}{r} 127 \\ -83 \\ \hline \end{array}$$

(15)
$$\begin{array}{r} 127 \\ -93 \\ \hline \end{array}$$

(16)
$$\begin{array}{r} 135 \\ -43 \\ \hline \end{array}$$

(17)
$$\begin{array}{r} 135 \\ -53 \\ \hline \end{array}$$

(18)
$$\begin{array}{r} 135 \\ -73 \\ \hline \end{array}$$

(19)
$$\begin{array}{r} 135 \\ -83 \\ \hline \end{array}$$

(20)
$$\begin{array}{r} 135 \\ -93 \\ \hline \end{array}$$

2 Subtract.

3 points per question

(1)
```
  1 1 6
-   4 2
```

(2)
```
  1 1 6
-   5 2
```

(3)
```
  1 1 6
-   6 4
```

(4)
```
  1 1 6
-   7 4
```

(5)
```
  1 1 6
-   8 4
```

(6)
```
  1 4 5
-   6 2
```

(7)
```
  1 4 5
-   7 2
```

(8)
```
  1 4 5
-   6 4
```

(9)
```
  1 4 5
-   7 4
```

(10)
```
  1 4 5
-   8 4
```

(11)
```
  1 3 9
-   5 2
```

(12)
```
  1 3 9
-   8 2
```

(13)
```
  1 3 9
-   6 3
```

(14)
```
  1 3 9
-   7 3
```

(15)
```
  1 3 9
-   9 3
```

(16)
```
  1 2 8
-   5 6
```

(17)
```
  1 2 8
-   8 6
```

(18)
```
  1 2 8
-   6 5
```

(19)
```
  1 2 8
-   7 5
```

(20)
```
  1 2 8
-   9 5
```

Great! Now let's check your score!

1 **Subtract.**

2 points per question

(1)
$$\begin{array}{r} 129 \\ -42 \\ \hline \end{array}$$

(2)
$$\begin{array}{r} 129 \\ -54 \\ \hline \end{array}$$

(3)
$$\begin{array}{r} 129 \\ -63 \\ \hline \end{array}$$

(4)
$$\begin{array}{r} 129 \\ -85 \\ \hline \end{array}$$

(5)
$$\begin{array}{r} 129 \\ -91 \\ \hline \end{array}$$

(6)
$$\begin{array}{r} 135 \\ -52 \\ \hline \end{array}$$

(7)
$$\begin{array}{r} 135 \\ -74 \\ \hline \end{array}$$

(8)
$$\begin{array}{r} 135 \\ -83 \\ \hline \end{array}$$

(9)
$$\begin{array}{r} 135 \\ -65 \\ \hline \end{array}$$

(10)
$$\begin{array}{r} 135 \\ -41 \\ \hline \end{array}$$

(11)
$$\begin{array}{r} 117 \\ -73 \\ \hline \end{array}$$

(12)
$$\begin{array}{r} 117 \\ -93 \\ \hline \end{array}$$

(13)
$$\begin{array}{r} 117 \\ -82 \\ \hline \end{array}$$

(14)
$$\begin{array}{r} 117 \\ -54 \\ \hline \end{array}$$

(15)
$$\begin{array}{r} 117 \\ -37 \\ \hline \end{array}$$

(16)
$$\begin{array}{r} 148 \\ -63 \\ \hline \end{array}$$

(17)
$$\begin{array}{r} 148 \\ -93 \\ \hline \end{array}$$

(18)
$$\begin{array}{r} 148 \\ -72 \\ \hline \end{array}$$

(19)
$$\begin{array}{r} 148 \\ -84 \\ \hline \end{array}$$

(20)
$$\begin{array}{r} 148 \\ -57 \\ \hline \end{array}$$

2 Subtract.

3 points per question

(1)
```
  1 1 7
-   3 6
```

(2)
```
  1 1 7
-   5 2
```

(3)
```
  1 1 7
-   7 4
```

(4)
```
  1 1 7
-   4 5
```

(5)
```
  1 1 7
-   6 7
```

(6)
```
  1 3 9
-   4 6
```

(7)
```
  1 3 9
-   6 2
```

(8)
```
  1 3 9
-   8 4
```

(9)
```
  1 3 8
-   5 5
```

(10)
```
  1 3 8
-   7 7
```

(11)
```
  1 2 6
-   5 6
```

(12)
```
  1 2 6
-   7 2
```

(13)
```
  1 2 6
-   9 4
```

(14)
```
  1 3 6
-   6 2
```

(15)
```
  1 4 6
-   7 2
```

(16)
```
  1 4 8
-   6 4
```

(17)
```
  1 4 8
-   8 5
```

(18)
```
  1 5 8
-   6 4
```

(19)
```
  1 6 8
-   8 5
```

(20)
```
  1 7 8
-   9 2
```

Don't forget to show your parents how far you've come!

51

26 3-Digit Subtraction

Level ★★

Date / /

Name

Score
/100

1 Subtract.

4 points

```
    1 4 5
  −   5 6
  [8][9]
```

I. **Ones place**

Since you can't subtract a 6 from a 5, you must borrow a 10 from the tens place. This is called regrouping or borrowing. (15−6 = 9)

II. **Tens place**

Now that we've regrouped and borrowed a ten from the tens place, the 4 in the tens place must be changed to a 3. (13−5 = 8)

2 Subtract.

3 points per question

(1)
```
    1 4 5
  −   5 7
  [8][8]
```

(4)
```
    1 4 5
  −   8 5
```

(7)
```
    1 3 4
  −   6 4
```

(10)
```
    1 3 4
  −   8 4
```

(2)
```
    1 4 5
  −   6 6
```

(5)
```
    1 4 5
  −   8 6
```

(8)
```
    1 3 4
  −   6 5
```

(11)
```
    1 3 4
  −   8 5
```

(3)
```
    1 4 5
  −   6 7
```

(6)
```
    1 4 5
  −   8 7
```

(9)
```
    1 3 4
  −   6 6
```

(12)
```
    1 3 4
  −   8 6
```

3 **Subtract.**

3 points per question

(1)
```
  1 1 6
-   3 4
```

(2)
```
  1 1 6
-   4 4
```

(3)
```
  1 1 6
-   5 6
```

(4)
```
  1 1 6
-   5 7
```

(5)
```
  1 1 6
-   5 9
```

(6)
```
  1 3 2
-   4 2
```

(7)
```
  1 3 2
-   4 3
```

(8)
```
  1 3 2
-   4 4
```

(9)
```
  1 3 2
-   4 7
```

(10)
```
  1 3 2
-   4 9
```

(11)
```
  1 2 4
-   4 4
```

(12)
```
  1 2 4
-   4 5
```

(13)
```
  1 2 4
-   4 6
```

(14)
```
  1 2 4
-   4 7
```

(15)
```
  1 2 4
-   4 9
```

(16)
```
  1 4 3
-   6 4
```

(17)
```
  1 4 3
-   6 5
```

(18)
```
  1 4 3
-   6 6
```

(19)
```
  1 4 3
-   6 7
```

(20)
```
  1 4 3
-   6 9
```

You're doing really well!

27 3-Digit Subtraction

Level ★★

Date　/　/

Name

Score　/100

1 Subtract.

2 points per question

(1)
```
  1 3 4
-   6 2
```

(2)
```
  1 3 4
-   6 4
```

(3)
```
  1 3 4
-   6 5
```

(4)
```
  1 3 4
-   7 5
```

(5)
```
  1 3 4
-   9 5
```

(6)
```
  1 4 2
-   5 6
```

(7)
```
  1 4 2
-   6 6
```

(8)
```
  1 4 2
-   7 6
```

(9)
```
  1 4 2
-   8 6
```

(10)
```
  1 4 2
-   9 6
```

(11)
```
  1 1 3
-   3 4
```

(12)
```
  1 1 3
-   4 4
```

(13)
```
  1 1 3
-   6 4
```

(14)
```
  1 1 3
-   2 4
```

(15)
```
  1 1 3
-   1 4
```

(16)
```
  1 2 6
-   4 9
```

(17)
```
  1 2 6
-   6 9
```

(18)
```
  1 2 6
-   5 8
```

(19)
```
  1 4 6
-   6 8
```

(20)
```
  1 4 6
-   7 8
```

Subtract.

(1)　　1 2 3
　　 − 　3 2

(2)　　1 2 3
　　 − 　4 3

(3)　　1 2 3
　　 − 　4 7

(4)　　1 2 3
　　 − 　3 5

(5)　　1 2 3
　　 − 　2 5

(6)　　1 4 5
　　 − 　5 4

(7)　　1 4 5
　　 − 　5 9

(8)　　1 4 2
　　 − 　7 9

(9)　　1 4 2
　　 − 　5 8

(10)　　1 4 2
　　 − 　4 6

(11)　　1 6 2
　　 − 　8 3

(12)　　1 6 2
　　 − 　8 5

(13)　　1 6 5
　　 − 　9 5

(14)　　1 6 5
　　 − 　7 8

(15)　　1 6 5
　　 − 　6 9

(16)　　1 3 6
　　 − 　5 9

(17)　　1 3 6
　　 − 　4 8

(18)　　1 3 1
　　 − 　8 3

(19)　　1 3 1
　　 − 　7 4

(20)　　1 3 1
　　 − 　9 5

Don't forget to check your answers when you're done.

3-Digit Subtraction

Level ★★

Date / /

Name

Score /100

1 Subtract.

2 points per question

(1)
```
  1 2 0
-   3 0
```

(2)
```
  1 2 0
-   6 0
```

(3)
```
  1 4 0
-   8 0
```

(4)
```
  1 4 0
-   5 0
```

(5)
```
  1 0 0
-   7 0
```

(6)
```
  1 2 7
-   4 2
```

(7)
```
  1 2 7
-   8 5
```

(8)
```
  1 3 6
-   8 3
```

(9)
```
  1 3 6
-   5 6
```

(10)
```
  1 3 6
-   3 8
```

(11)
```
  1 4 8
-   8 3
```

(12)
```
  1 4 8
-   7 6
```

(13)
```
  1 4 6
-   7 6
```

(14)
```
  1 4 5
-   6 6
```

(15)
```
  1 4 5
-   4 6
```

(16)
```
  1 3 5
-   4 7
```

(17)
```
  1 3 5
-   6 7
```

(18)
```
  1 3 5
-   3 7
```

(19)
```
  1 2 4
-   5 7
```

(20)
```
  1 2 4
-   2 7
```

Subtract.

3 points per question

(1)
```
  1 6 0
-   8 0
```

(5)
```
  1 2 3
-   4 3
```

(9)
```
  1 5 7
-   6 5
```

(13)
```
  1 4 4
-   7 7
```

(2)
```
  1 4 0
-   9 0
```

(6)
```
  1 2 4
-   3 5
```

(10)
```
  1 5 7
-   6 8
```

(14)
```
  1 4 5
-   4 7
```

(3)
```
  1 2 0
-   5 0
```

(7)
```
  1 6 3
-   8 8
```

(11)
```
  1 4 5
-   5 7
```

(15)
```
  1 3 3
-   6 5
```

(4)
```
  1 0 0
-   3 0
```

(8)
```
  1 6 3
-   6 8
```

(12)
```
  1 4 6
-   4 9
```

(16)
```
  1 3 8
-   8 9
```

(17) $127 - 63 =$

(19) $154 - 73 =$

(18) $115 - 18 =$

(20) $146 - 57 =$

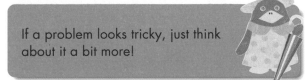

If a problem looks tricky, just think about it a bit more!

3-Digit Subtraction

Date / /

Name

Level ★★

Score / 100

1 Subtract.

2 points per question

(1)
```
  1 0 0
-     3
```

(2)
```
  1 0 0
-     5
```

(3)
```
  1 0 0
-     7
```

(4)
```
  1 0 0
-     6
```

(5)
```
  1 0 0
-     8
```

(6)
```
  1 0 0
-   1 3
```

(7)
```
  1 0 0
-   1 5
```

(8)
```
  1 0 0
-   2 7
```

(9)
```
  1 0 0
-   2 6
```

(10)
```
  1 0 0
-   4 8
```

(11)
```
  1 0 0
-     2
```

(12)
```
  1 0 0
-     4
```

(13)
```
  1 0 0
-     9
```

(14)
```
  1 0 0
-     7
```

(15)
```
  1 0 0
-     5
```

(16)
```
  1 0 1
-     2
```

(17)
```
  1 0 1
-     4
```

(18)
```
  1 0 1
-     9
```

(19)
```
  1 0 1
-     7
```

(20)
```
  1 0 1
-     5
```

2 Subtract.

3 points per question

(1) 100
   −   4

(6) 102
   −   4

(11) 104
   −   7

(16) 104
   − 17

(2) 100
   − 14

(7) 102
   − 14

(12) 104
   −   9

(17) 104
   − 19

(3) 100
   − 27

(8) 102
   − 27

(13) 104
   −   6

(18) 104
   − 26

(4) 100
   − 53

(9) 102
   − 53

(14) 104
   −   5

(19) 104
   − 55

(5) 100
   − 72

(10) 102
   − 72

(15) 104
   −   8

(20) 104
   − 78

It's time to check your score!

1 Subtract.

2 points per question

(1)
```
  1 0 0
-   1 3
```

(6)
```
  1 1 0
-   1 3
```

(11)
```
  1 2 0
-   3 5
```

(16)
```
  1 5 0
-   7 5
```

(2)
```
  1 0 0
-   2 4
```

(7)
```
  1 1 0
-   2 4
```

(12)
```
  1 2 0
-   5 3
```

(17)
```
  1 5 0
-   5 4
```

(3)
```
  1 0 0
-   4 5
```

(8)
```
  1 1 0
-   4 5
```

(13)
```
  1 4 0
-   6 2
```

(18)
```
  1 6 0
-   8 3
```

(4)
```
  1 0 0
-   6 7
```

(9)
```
  1 1 0
-   6 7
```

(14)
```
  1 4 0
-   7 1
```

(19)
```
  1 7 0
-   9 4
```

(5)
```
  1 0 0
-   9 2
```

(10)
```
  1 1 0
-   9 2
```

(15)
```
  1 4 0
-   4 6
```

(20)
```
  1 8 0
-   8 9
```

2 Subtract.

3 points per question

(1)
```
  1 0 0
-     6
```

(5)
```
  1 0 1
-     6
```

(9)
```
  1 0 3
-   1 5
```

(13)
```
  1 1 0
-   1 5
```

(2)
```
  1 0 0
-   1 8
```

(6)
```
  1 0 1
-   1 8
```

(10)
```
  1 0 3
-   2 5
```

(14)
```
  1 1 0
-   2 5
```

(3)
```
  1 0 0
-   3 5
```

(7)
```
  1 0 1
-   3 5
```

(11)
```
  1 0 5
-   4 6
```

(15)
```
  1 3 0
-   4 6
```

(4)
```
  1 0 0
-   6 2
```

(8)
```
  1 0 1
-   6 2
```

(12)
```
  1 0 5
-   7 8
```

(16)
```
  1 3 0
-   7 8
```

(17) $106 - 8 =$

(19) $100 - 27 =$

(18) $120 - 55 =$

(20) $102 - 39 =$

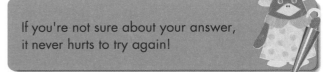

If you're not sure about your answer, it never hurts to try again!

3-Digit Subtraction

Date / /

Name

Score /100

1 Subtract.

2 points per question

(1) 103
   − 47

(2) 103
   − 57

(3) 113
   − 57

(4) 113
   − 86

(5) 143
   − 86

(6) 100
   − 26

(7) 110
   − 26

(8) 120
   − 26

(9) 140
   − 65

(10) 150
   − 65

(11) 127
   − 28

(12) 127
   − 48

(13) 147
   − 54

(14) 147
   − 49

(15) 157
   − 89

(16) 164
   − 72

(17) 164
   − 92

(18) 132
   − 35

(19) 132
   − 55

(20) 132
   − 75

② Subtract.

3 points per question

(1) $\begin{array}{r} 130 \\ -52 \\ \hline \end{array}$

(5) $\begin{array}{r} 105 \\ -7 \\ \hline \end{array}$

(9) $\begin{array}{r} 112 \\ -25 \\ \hline \end{array}$

(13) $\begin{array}{r} 141 \\ -69 \\ \hline \end{array}$

(2) $\begin{array}{r} 110 \\ -36 \\ \hline \end{array}$

(6) $\begin{array}{r} 106 \\ -9 \\ \hline \end{array}$

(10) $\begin{array}{r} 114 \\ -35 \\ \hline \end{array}$

(14) $\begin{array}{r} 147 \\ -83 \\ \hline \end{array}$

(3) $\begin{array}{r} 100 \\ -25 \\ \hline \end{array}$

(7) $\begin{array}{r} 103 \\ -15 \\ \hline \end{array}$

(11) $\begin{array}{r} 126 \\ -51 \\ \hline \end{array}$

(15) $\begin{array}{r} 163 \\ -92 \\ \hline \end{array}$

(4) $\begin{array}{r} 100 \\ -8 \\ \hline \end{array}$

(8) $\begin{array}{r} 104 \\ -36 \\ \hline \end{array}$

(12) $\begin{array}{r} 123 \\ -25 \\ \hline \end{array}$

(16) $\begin{array}{r} 165 \\ -68 \\ \hline \end{array}$

(17) $120 - 54 =$

(19) $131 - 36 =$

(18) $104 - 7 =$

(20) $152 - 83 =$

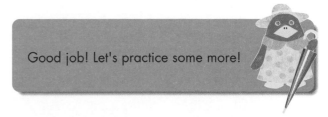

Good job! Let's practice some more!

3-Digit Subtraction

Date / /

Name

Score /100

1 Subtract.

2 points per question

(1)
```
  1 5 0
-   1 0
```
☐☐☐

(6)
```
  1 6 0
-   1 0
```

(11)
```
  1 7 0
-   1 0
```

(16)
```
  1 8 0
-   1 0
```

(2)
```
  1 5 0
-   3 0
```

(7)
```
  1 6 0
-   3 0
```

(12)
```
  1 7 0
-   3 0
```

(17)
```
  1 8 0
-   3 0
```

(3)
```
  1 5 0
-   5 0
```

(8)
```
  1 6 0
-   5 0
```

(13)
```
  1 7 0
-   5 0
```

(18)
```
  1 8 0
-   5 0
```

(4)
```
  1 5 0
-   2 0
```

(9)
```
  1 6 0
-   2 0
```

(14)
```
  1 7 0
-   2 0
```

(19)
```
  1 8 0
-   2 0
```

(5)
```
  1 5 0
-   4 0
```

(10)
```
  1 6 0
-   4 0
```

(15)
```
  1 7 0
-   4 0
```

(20)
```
  1 8 0
-   4 0
```

2 Subtract.

3 points per question

(1)
```
  1 3 4
-   1 2
```

(2)
```
  1 3 4
-   2 4
```

(3)
```
  1 3 4
-   2 1
```

(4)
```
  1 3 4
-   1 0
```

(5)
```
  1 3 4
-   3 0
```

(6)
```
  1 7 4
-   2 0
```

(7)
```
  1 7 4
-   2 2
```

(8)
```
  1 7 4
-   2 4
```

(9)
```
  1 7 4
-   2 6
```

(10)
```
  1 7 4
-   2 8
```

(11)
```
  1 3 5
-   1 5
```

(12)
```
  1 3 5
-   2 3
```

(13)
```
  1 3 5
-   1 4
```

(14)
```
  1 3 5
-   1 6
```

(15)
```
  1 3 5
-   1 8
```

(16)
```
  1 5 5
-   3 1
```

(17)
```
  1 5 5
-   2 3
```

(18)
```
  1 5 5
-   3 7
```

(19)
```
  1 5 5
-   4 6
```

(20)
```
  1 5 5
-   2 9
```

Have you mastered your vertical subtraction?

3-Digit Subtraction

Level ★★★

Date / /

Name

Score /100

1 Subtract.

2 points per question

(1)
```
  1 4 3
-   3 1
```

(6)
```
  1 4 3
-   2 1
```

(11)
```
  1 5 4
-   2 2
```

(16)
```
  1 5 4
-   2 8
```

(2)
```
  1 4 3
-   3 3
```

(7)
```
  1 4 3
-   2 3
```

(12)
```
  1 5 4
-   3 3
```

(17)
```
  1 5 4
-   1 6
```

(3)
```
  1 4 3
-   3 4
```

(8)
```
  1 4 3
-   1 4
```

(13)
```
  1 5 4
-   3 4
```

(18)
```
  1 5 4
-   3 7
```

(4)
```
  1 4 3
-   2 8
```

(9)
```
  1 4 3
-   2 5
```

(14)
```
  1 5 4
-   2 7
```

(19)
```
  1 5 4
-   4 5
```

(5)
```
  1 4 3
-   2 6
```

(10)
```
  1 4 3
-   2 9
```

(15)
```
  1 5 4
-   3 9
```

(20)
```
  1 5 4
-   4 9
```

Subtract.

(1)   165
    − 21

(2)   165
    − 42

(3)   165
    − 65

(4)   165
    − 58

(5)   165
    − 47

(6)   166
    − 56

(7)   166
    − 37

(8)   166
    − 48

(9)   166
    − 59

(10) 166
    − 38

(11) 165
    − 25

(12) 165
    − 27

(13) 165
    − 18

(14) 165
    − 46

(15) 165
    − 29

(16) 161
    − 34

(17) 161
    − 45

(18) 161
    − 56

(19) 161
    − 48

(20) 161
    − 57

Great work! Let's move on to something different!

Subtraction

1 **Subtract.**

2 points per question

(1) $15 - 2 =$

(2) $16 - 2 =$

(3) $18 - 2 =$

(4) $25 - 2 =$

(5) $26 - 2 =$

(6) $28 - 2 =$

(7) $14 - 3 =$

(8) $17 - 3 =$

(9) $19 - 3 =$

(10) $24 - 3 =$

(11) $27 - 3 =$

(12) $29 - 3 =$

(13) $39 - 3 =$

(14) $26 - 5 =$

(15) $29 - 5 =$

(16) $39 - 5 =$

(17) $19 - 6 =$

(18) $29 - 6 =$

(19) $49 - 6 =$

(20) $27 - 4 =$

(21) $37 - 4 =$

(22) $47 - 4 =$

(23) $28 - 7 =$

(24) $48 - 7 =$

(25) $58 - 7 =$

2 Subtract.

(1) $16 - 4 =$

(2) $16 - 1 =$

(3) $16 - 5 =$

(4) $24 - 2 =$

(5) $25 - 3 =$

(6) $27 - 6 =$

(7) $35 - 1 =$

(8) $37 - 3 =$

(9) $39 - 7 =$

(10) $45 - 4 =$

(11) $48 - 3 =$

(12) $49 - 8 =$

(13) $47 - 5 =$

(14) $56 - 3 =$

(15) $58 - 4 =$

(16) $52 - 1 =$

(17) $63 - 2 =$

(18) $67 - 6 =$

(19) $68 - 4 =$

(20) $75 - 3 =$

(21) $78 - 5 =$

(22) $86 - 1 =$

(23) $89 - 6 =$

(24) $95 - 2 =$

(25) $98 - 7 =$

Do you like vertical or horizontal subtraction better?

35 Subtraction of Tens

Level ★★

Date   /   /

Name

Score
/100

1 **Subtract.**

2 points per question

(1) $20 - 10 = 10$

(2) $30 - 10 = 20$

(3) $40 - 10 = 30$

(4) $60 - 10 =$

(5) $30 - 20 =$

(6) $50 - 20 =$

(7) $70 - 20 =$

(8) $90 - 20 =$

(9) $40 - 30 =$

(10) $60 - 30 =$

(11) $80 - 30 =$

(12) $90 - 30 =$

(13) $100 - 30 =$

(14) $50 - 40 =$

(15) $60 - 40 =$

(16) $80 - 40 =$

(17) $70 - 50 =$

(18) $90 - 50 =$

(19) $100 - 50 =$

(20) $70 - 60 =$

(21) $90 - 60 =$

(22) $90 - 70 =$

(23) $90 - 80 =$

(24) $100 - 80 =$

(25) $100 - 90 =$

2 **Subtract.**

2 points per question

(1) $70 - 10 =$

(2) $80 - 10 =$

(3) $90 - 10 =$

(4) $100 - 10 =$

(5) $80 - 20 =$

(6) $90 - 20 =$

(7) $100 - 20 =$

(8) $110 - 20 =$

(9) $80 - 30 =$

(10) $90 - 30 =$

(11) $100 - 30 =$

(12) $110 - 30 =$

(13) $120 - 30 =$

(14) $100 - 40 =$

(15) $110 - 40 =$

(16) $130 - 40 =$

(17) $100 - 50 =$

(18) $110 - 50 =$

(19) $140 - 50 =$

(20) $110 - 60 =$

(21) $130 - 60 =$

(22) $120 - 70 =$

(23) $140 - 70 =$

(24) $110 - 80 =$

(25) $120 - 90 =$

Wow, these are some big numbers!

Subtraction of Tens

Level ★★

Date / /

Name

Score /100

1 **Subtract.**

2 points per question

(1) 13−10=

(2) 15−10=

(3) 18−10=

(4) 21−10=

(5) 25−10=

(6) 28−10=

(7) 23−20=

(8) 25−20=

(9) 27−20=

(10) 37−20=

(11) 38−20=

(12) 48−20=

(13) 45−20=

(14) 34−30=

(15) 36−30=

(16) 43−30=

(17) 48−30=

(18) 48−40=

(19) 45−40=

(20) 55−40=

(21) 65−50=

(22) 69−50=

(23) 79−50=

(24) 76−50=

(25) 86−50=

2 Subtract.

(1) $16-10=$

(2) $24-10=$

(3) $56-10=$

(4) $27-20=$

(5) $46-20=$

(6) $63-20=$

(7) $78-20=$

(8) $35-30=$

(9) $56-30=$

(10) $84-30=$

(11) $47-40=$

(12) $52-40=$

(13) $79-40=$

(14) $67-50=$

(15) $85-50=$

(16) $92-50=$

(17) $67-60=$

(18) $71-60=$

(19) $95-60=$

(20) $83-70=$

(21) $96-70=$

(22) $86-80=$

(23) $97-80=$

(24) $94-90=$

(25) $98-90=$

Nice work! Now let's try something even bigger!

Subtraction of Hundreds ★★★

Level

Date   /   /

Name

Score

/100

1 **Subtract.**

2 points per question

(1) 200−100=

(2) 300−100=

(3) 400−100=

(4) 600−100=

(5) 300−200=

(6) 500−200=

(7) 700−200=

(8) 900−200=

(9) 400−300=

(10) 600−300=

(11) 800−300=

(12) 900−300=

(13) 1000−300=

(14) 500−400=

(15) 600−400=

(16) 800−400=

(17) 700−500=

(18) 900−500=

(19) 1000−500=

(20) 700−600=

(21) 900−600=

(22) 900−700=

(23) 900−800=

(24) 1000−800=

(25) 1000−900=

Subtract.

(1) 700−100=

(2) 800−100=

(3) 900−100=

(4) 1000−100=

(5) 800−200=

(6) 900−200=

(7) 1000−200=

(8) 1100−200=

(9) 800−300=

(10) 900−300=

(11) 1000−300=

(12) 1100−300=

(13) 1200−300=

(14) 1000−400=

(15) 1100−400=

(16) 1300−400=

(17) 1300−500=

(18) 1100−500=

(19) 1400−500=

(20) 1100−600=

(21) 1300−600=

(22) 1200−700=

(23) 1400−700=

(24) 1100−800=

(25) 1200−900=

Good job! You made it all the way to 4-digit subtraction!

Date   /   /

Name

Score
/100

1 Subtract.

2 points per question

(1) 120−100=

(2) 140−100=

(3) 170−100=

(4) 210−200=

(5) 250−200=

(6) 280−200=

(7) 230−200=

(8) 340−300=

(9) 370−300=

(10) 470−400=

(11) 480−400=

(12) 520−500=

(13) 560−500=

(14) 360−300=

(15) 430−400=

(16) 650−600=

(17) 720−700=

(18) 850−800=

(19) 740−700=

(20) 550−500=

(21) 270−200=

(22) 460−400=

(23) 790−700=

(24) 860−800=

(25) 930−900=

2 **Subtract.**

(1) $120-20=$

(2) $320-20=$

(3) $520-20=$

(4) $130-30=$

(5) $230-30=$

(6) $430-30=$

(7) $140-40=$

(8) $340-40=$

(9) $540-40=$

(10) $250-50=$

(11) $350-50=$

(12) $650-50=$

(13) $210-10=$

(14) $310-10=$

(15) $510-10=$

(16) $560-60=$

(17) $570-70=$

(18) $870-70=$

(19) $890-90=$

(20) $790-90=$

(21) $760-60=$

(22) $460-60=$

(23) $420-20=$

(24) $920-20=$

(25) $980-80=$

Don't forget to check your answers when you're done.

1 **Subtract.**

2 points per question

(1) $103 - 100 =$

(2) $105 - 100 =$

(3) $107 - 100 =$

(4) $201 - 200 =$

(5) $204 - 200 =$

(6) $208 - 200 =$

(7) $302 - 300 =$

(8) $305 - 300 =$

(9) $403 - 400 =$

(10) $407 - 400 =$

(11) $504 - 500 =$

(12) $604 - 600 =$

(13) $304 - 300 =$

(14) $308 - 300 =$

(15) $508 - 500 =$

(16) $708 - 700 =$

(17) $701 - 700 =$

(18) $801 - 800 =$

(19) $806 - 800 =$

(20) $606 - 600 =$

(21) $607 - 600 =$

(22) $907 - 900 =$

(23) $905 - 900 =$

(24) $405 - 400 =$

(25) $503 - 500 =$

2 **Subtract.**

2 points per question

(1) 400−200=

(2) 700−300=

(3) 706−700=

(4) 305−300=

(5) 320−300=

(6) 640−600=

(7) 650−50=

(8) 870−70=

(9) 800−700=

(10) 1100−700=

(11) 1200−900=

(12) 120−100=

(13) 120−20=

(14) 102−100=

(15) 406−400=

(16) 460−60=

(17) 360−300=

(18) 530−500=

(19) 730−30=

(20) 940−40=

(21) 901−900=

(22) 900−400=

(23) 1000−400=

(24) 800−200=

(25) 870−70=

You thought hundreds were big?
Wait until you see what's next!

40 Subtraction of Thousands ★★★

Level

Date   /   /

Name

Score

/100

1 Subtract.

4 points per question

(1) 2000−1000=

(2) 3000−1000=

(3) 5000−2000=

(4) 7000−2000=

(5) 7000−3000=

(6) 4000−3000=

(7) 6000−4000=

(8) 7000−4000=

(9) 8000−5000=

(10) 9000−5000=

(11) 10000−5000=

(12) 10000−4000=

2 Subtract.

4 points per question

(1) 1200−1000=

(2) 1500−1000=

(3) 2400−2000=

(4) 2700−2000=

(5) 4600−4000=

(6) 5600−5000=

(7) 6300−6000=

(8) 8300−8000=

(9) 7500−7000=

(10) 3500−3000=

(11) 3100−3000=

(12) 9100−9000=

(13) 6900−6000=

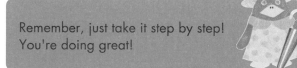

Remember, just take it step by step!
You're doing great!

1 Subtract.

4 points per question

(1) 1200−200=

(2) 3200−200=

(3) 1300−300=

(4) 4300−300=

(5) 5400−400=

(6) 7400−400=

(7) 7100−100=

(8) 6500−500=

(9) 8600−600=

(10) 4900−900=

(11) 3800−800=

(12) 9300−300=

2 **Subtract.**

(1) $3000-2000=$

(2) $6000-3000=$

(3) $6400-6000=$

(4) $4700-4000=$

(5) $5700-700=$

(6) $8300-300=$

(7) $8000-3000=$

(8) $10000-2000=$

(9) $2600-600=$

(10) $3600-3000=$

(11) $7800-800=$

(12) $9500-9000=$

(13) $9000-4000=$

Now it's time for something new!

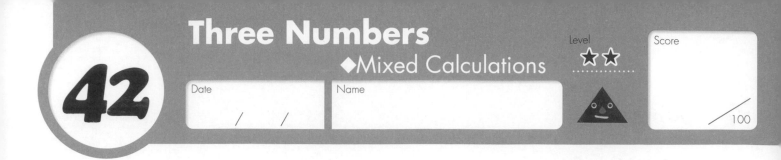

Three Numbers

◆Mixed Calculations

42

Level ★★

Date   /   /

Name

Score

/100

---

1 Calculate the expressions in the parentheses first and then find the total.

2 points per question

(1) $(28+16)+14=$

(2) $28+(16+14)=$

(3) $18-7-3=$

(4) $18-(7+3)=$

(5) $34-7-17=$

(6) $34-(7+17)=$

(7) $55-19-16=$

(8) $55-(19+16)=$

(9) $63-24-36=$

(10) $63-(24+36)=$

Solve the expressions in the parentheses first. For each pair of questions, which combination of numbers were the easiest to work with?

---

2 Find the easiest way to calculate each expression in order to find the answer.

3 points per question

(1) $24+31+19=$

(2) $16-8-2=$

(3) $27-9-8=$

(4) $39-16-14=$

(5) $45-12-13=$

(6) $56-27-19=$

(7) $83-34-16=$

(8) $100-30-20=$

(9) $100-27-33=$

(10) $108-35-43=$

Add or subtract.

2 points per question

(1) 16 + 5 + 4 =

(2) 16 + 4 + 5 =

(3) 14 − 5 − 4 =

(4) 14 − 4 − 5 =

(5) 36 − 16 − 7 =

(6) 36 − 7 − 16 =

(7) 25 + 8 − 5 =

(8) 25 − 5 + 8 =

(9) 21 + 17 + 19 =

(10) 21 + 19 + 17 =

(11) 23 − 3 − 8 =

(12) 23 − 8 − 3 =

(13) 42 − 17 − 12 =

(14) 42 − 12 − 17 =

(15) 37 + 12 − 9 =

(16) 37 − 9 + 12 =

Which version in each pair of questions is easier?

4 Find the easiest way to calculate each expression in order to find the answer.

3 points per question

(1) 13 + 15 + 17 =

(2) 16 − 7 − 6 =

(3) 35 − 8 − 15 =

(4) 47 − 19 − 17 =

(5) 24 − 16 + 12 =

(6) 38 + 13 − 18 =

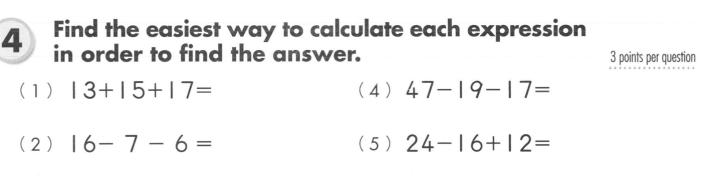

OK! It's time to review what you've learned!

Review

43

1 Subtract.

(1)
```
  6 1
- 3 3
```

(2)
```
  4 6
-   5
```

(3)
```
  8 2
- 6 5
```

(4)
```
  5 0
- 3 4
```

(5)
```
  7 8
- 4 0
```

(6)
```
  8 5
- 7 8
```

(7)
```
  7 6
- 3 7
```

(8)
```
  6 4
- 2 8
```

(9)
```
  4 0
-   7
```

(10)
```
  3 5
- 1 6
```

(11)
```
  6 0
- 2 3
```

(12)
```
  5 3
- 1 7
```

(13)
```
  7 6
- 3 5
```

(14)
```
  4 1
- 2 2
```

(15)
```
  6 2
- 5 4
```

(16)
```
  6 2
-   8
```

(17)
```
  8 4
- 2 9
```

(18)
```
  9 4
- 2 4
```

(19)
```
  5 5
- 4 6
```

(20)
```
  7 0
- 6 6
```

2 Subtract.

3 points per question

(1)
```
  1 2 4
-   3 1
```

(5)
```
  1 5 3
-   7 8
```

(9)
```
  1 0 1
-     6
```

(13)
```
  1 2 5
-   6 3
```

(2)
```
  1 2 0
-   5 5
```

(6)
```
  1 0 2
-   8 2
```

(10)
```
  1 1 5
-   4 9
```

(14)
```
  1 0 0
-   9 4
```

(3)
```
  1 1 6
-   6 3
```

(7)
```
  1 3 0
-   3 6
```

(11)
```
  1 2 7
-   9 1
```

(15)
```
  1 0 3
-   1 6
```

(4)
```
  1 0 5
-   4 8
```

(8)
```
  1 4 1
-   5 7
```

(12)
```
  1 3 3
-   4 5
```

(16)
```
  1 4 2
-   6 7
```

3 Subtract.

3 points per question

(1) 36− 9 − 7 =

(2) 54−18−12=

(3) 100−46−14=

(4) 107−24−33=

Congratulations! You are ready for **Grade 3 Addition & Subtraction**!

87

1 Review ◆Subtracting 1 to 3 pp 2, 3

1
(1) 2		(14) 8	
(2) 4		(15) 9	
(3) 3		(16) 7	
(4) 5		(17) 2	
(5) 7		(18) 1	
(6) 8		(19) 0	
(7) 6		(20) 3	
(8) 9		(21) 5	
(9) 2		(22) 4	
(10) 5		(23) 6	
(11) 3		(24) 7	
(12) 4		(25) 8	
(13) 6			

2
(1) 6		(14) 5	
(2) 3		(15) 6	
(3) 3		(16) 9	
(4) 8		(17) 4	
(5) 6		(18) 4	
(6) 0		(19) 2	
(7) 2		(20) 5	
(8) 7		(21) 7	
(9) 8		(22) 1	
(10) 3		(23) 9	
(11) 8		(24) 7	
(12) 5		(25) 9	
(13) 4			

2 Review ◆Subtracting 4 & 5 pp 4, 5

1
(1) 3		(14) 4	
(2) 4		(15) 3	
(3) 5		(16) 2	
(4) 9		(17) 9	
(5) 8		(18) 8	
(6) 7		(19) 7	
(7) 6		(20) 6	
(8) 2		(21) 5	
(9) 1		(22) 0	
(10) 0		(23) 1	
(11) 5		(24) 6	
(12) 7		(25) 9	
(13) 9			

2
(1) 2		(14) 7	
(2) 4		(15) 0	
(3) 5		(16) 2	
(4) 5		(17) 3	
(5) 6		(18) 8	
(6) 9		(19) 8	
(7) 7		(20) 6	
(8) 0		(21) 1	
(9) 9		(22) 3	
(10) 2		(23) 7	
(11) 5		(24) 4	
(12) 5		(25) 4	
(13) 8			

3 Review pp 6, 7

1
(1) 6		(14) 3	
(2) 3		(15) 9	
(3) 5		(16) 8	
(4) 4		(17) 4	
(5) 6		(18) 5	
(6) 4		(19) 7	
(7) 3		(20) 8	
(8) 7		(21) 5	
(9) 10		(22) 6	
(10) 7		(23) 7	
(11) 4		(24) 9	
(12) 9		(25) 4	
(13) 2			

2
(1) 2		(14) 1	
(2) 6		(15) 6	
(3) 5		(16) 6	
(4) 3		(17) 4	
(5) 4		(18) 9	
(6) 4		(19) 2	
(7) 3		(20) 3	
(8) 8		(21) 3	
(9) 5		(22) 7	
(10) 5		(23) 4	
(11) 5		(24) 3	
(12) 5		(25) 8	
(13) 1			

4 Review pp 8, 9

1
(1) 8		(14) 8	
(2) 2		(15) 6	
(3) 8		(16) 9	
(4) 3		(17) 6	
(5) 5		(18) 7	
(6) 5		(19) 8	
(7) 5		(20) 8	
(8) 8		(21) 7	
(9) 6		(22) 9	
(10) 7		(23) 8	
(11) 9		(24) 9	
(12) 5		(25) 9	
(13) 7			

2
(1) 6		(14) 6	
(2) 7		(15) 8	
(3) 2		(16) 7	
(4) 7		(17) 8	
(5) 7		(18) 9	
(6) 8		(19) 3	
(7) 9		(20) 5	
(8) 5		(21) 5	
(9) 7		(22) 9	
(10) 3		(23) 9	
(11) 10		(24) 6	
(12) 8		(25) 9	
(13) 8			

5 Review
pp 10,11

1
(1) 6　(6) 9
(2) 6　(7) 8
(3) 4　(8) 8
(4) 7　(9) 6
(5) 9　(10) 9

2
(1) 5　(6) 5
(2) 8　(7) 2
(3) 8　(8) 3
(4) 0　(9) 7
(5) 3　(10) 9

3
(1) 5　(6) 6
(2) 4　(7) 3
(3) 4　(8) 3
(4) 3　(9) 6
(5) 2　(10) 2

4
(1) 8　(6) 9
(2) 9　(7) 9
(3) 8　(8) 9
(4) 6　(9) 6
(5) 8　(10) 7

Advice

If you scored over 85 on this section, review your mistakes and move on to the next section.

If you scored between 75 and 84 on this section, review the beginning of this book before moving on.

If you scored less than 74 on this section, it might be a good idea to go back to our "Grade 1 Subtraction" book and do an extended review of subtraction.

6 Subtraction ◆From Numbers up to 20
pp 12,13

1
(1) 9　(14) 9
(2) 10　(15) 10
(3) 11　(16) 14
(4) 14　(17) 15
(5) 15　(18) 10
(6) 16　(19) 11
(7) 9　(20) 15
(8) 10　(21) 16
(9) 11　(22) 10
(10) 14　(23) 11
(11) 15　(24) 14
(12) 16　(25) 15
(13) 17

2
(1) 9　(14) 9
(2) 10　(15) 10
(3) 11　(16) 11
(4) 13　(17) 1
(5) 14　(18) 2
(6) 9　(19) 6
(7) 10　(20) 7
(8) 11　(21) 8
(9) 13　(22) 1
(10) 9　(23) 2
(11) 10　(24) 7
(12) 11　(25) 8
(13) 12

7 Subtraction ◆From Numbers up to 20
pp 14,15

1
(1) 2　(14) 1
(2) 3　(15) 2
(3) 1　(16) 3
(4) 2　(17) 5
(5) 3　(18) 1
(6) 6　(19) 2
(7) 8　(20) 3
(8) 1　(21) 4
(9) 3　(22) 1
(10) 5　(23) 2
(11) 1　(24) 1
(12) 2　(25) 2
(13) 5

2
(1) 17　(14) 7
(2) 18　(15) 9
(3) 19　(16) 10
(4) 18　(17) 9
(5) 17　(18) 7
(6) 14　(19) 3
(7) 13　(20) 4
(8) 11　(21) 8
(9) 10　(22) 12
(10) 9　(23) 15
(11) 6　(24) 5
(12) 4　(25) 1
(13) 2

8 2-Digit Subtraction
pp 16,17

1
(1) 5　(4) 5
(2) 7　(5) 7　(7) 3　(9) 3
(3) 5　(6) 5　(8) 1　(10) 1

2
(1) 6　(4) 8　(7) 5　(10) 2
(2) 4　(5) 6　(8) 3
(3) 2　(6) 7　(9) 4

3
(1) 11　(6) 6　(11) 12　(16) 7
(2) 10　(7) 5　(12) 11　(17) 6
(3) 9　(8) 3　(13) 10　(18) 4
(4) 7　(9) 3　(14) 8　(19) 5
(5) 8　(10) 2　(15) 9　(20) 3

9 2-Digit Subtraction
pp 18,19

1
(1) 13　(6) 8　(11) 14　(16) 9
(2) 11　(7) 7　(12) 12　(17) 8
(3) 9　(8) 5　(13) 10　(18) 6
(4) 12　(9) 6　(14) 13　(19) 7
(5) 10　(10) 4　(15) 11　(20) 5

2
(1) 15　(6) 15　(11) 17　(16) 17
(2) 13　(7) 13　(12) 15　(17) 15
(3) 11　(8) 11　(13) 13　(18) 13
(4) 9　(9) 9　(14) 11　(19) 11
(5) 7　(10) 7　(15) 9　(20) 9

10   2-Digit Subtraction pp 20, 21

1
(1) 19	(6) 14	(11) 8	(16) 18
(2) 17	(7) 13	(12) 6	(17) 16
(3) 15	(8) 11	(13) 4	(18) 14
(4) 18	(9) 12	(14) 2	(19) 12
(5) 16	(10) 10	(15) 5	(20) 15

2
(1) 8	(6) 18	(11) 9	(16) 19
(2) 5	(7) 15	(12) 6	(17) 16
(3) 3	(8) 13	(13) 4	(18) 14
(4) 6	(9) 16	(14) 7	(19) 17
(5) 4	(10) 14	(15) 5	(20) 15

11   2-Digit Subtraction pp 22, 23

1
(1) 8	(6) 18	(11) 28	(16) 38
(2) 6	(7) 16	(12) 26	(17) 36
(3) 9	(8) 19	(13) 29	(18) 39
(4) 7	(9) 17	(14) 27	(19) 37
(5) 5	(10) 15	(15) 25	(20) 35

2
(1) 9	(6) 19	(11) 10	(16) 20
(2) 7	(7) 17	(12) 8	(17) 28
(3) 10	(8) 30	(13) 11	(18) 41
(4) 8	(9) 28	(14) 9	(19) 49
(5) 6	(10) 36	(15) 7	(20) 67

12   2-Digit Subtraction pp 24, 25

1
(1) 8	(6) 18	(11) 9	(16) 19
(2) 5	(7) 25	(12) 6	(17) 26
(3) 2	(8) 32	(13) 3	(18) 33
(4) 6	(9) 46	(14) 7	(19) 47
(5) 3	(10) 53	(15) 4	(20) 54

2
(1) 19	(6) 29	(11) 10	(16) 20
(2) 16	(7) 26	(12) 7	(17) 27
(3) 13	(8) 33	(13) 4	(18) 34
(4) 18	(9) 48	(14) 9	(19) 49
(5) 15	(10) 55	(15) 6	(20) 56

13   2-Digit Subtraction pp 26, 27

1
(1) 27	(6) 37	(11) 28	(16) 18
(2) 35	(7) 45	(12) 36	(17) 26
(3) 43	(8) 53	(13) 54	(18) 44
(4) 56	(9) 66	(14) 67	(19) 57
(5) 62	(10) 72	(15) 83	(20) 73

2
(1) 46	(6) 36	(11) 47	(16) 37
(2) 44	(7) 34	(12) 45	(17) 35
(3) 42	(8) 32	(13) 43	(18) 33
(4) 43	(9) 33	(14) 44	(19) 34
(5) 41	(10) 31	(15) 42	(20) 32

14   2-Digit Subtraction pp 28, 29

1
(1) 27	(6) 37	(11) 38	(16) 28
(2) 25	(7) 35	(12) 36	(17) 26
(3) 23	(8) 33	(13) 34	(18) 24
(4) 26	(9) 36	(14) 37	(19) 27
(5) 24	(10) 34	(15) 35	(20) 25

2
(1) 19	(6) 39	(11) 56	(16) 46
(2) 16	(7) 36	(12) 53	(17) 43
(3) 14	(8) 34	(13) 51	(18) 41
(4) 18	(9) 38	(14) 55	(19) 45
(5) 15	(10) 35	(15) 52	(20) 42

15   2-Digit Subtraction pp 30, 31

1
(1) 59	(6) 49	(11) 71	(16) 51
(2) 57	(7) 47	(12) 69	(17) 49
(3) 55	(8) 45	(13) 67	(18) 47
(4) 56	(9) 46	(14) 68	(19) 48
(5) 54	(10) 44	(15) 66	(20) 46

2
(1) 48	(6) 38	(11) 59	(16) 39
(2) 46	(7) 36	(12) 57	(17) 37
(3) 49	(8) 39	(13) 60	(18) 40
(4) 47	(9) 37	(14) 58	(19) 28
(5) 45	(10) 35	(15) 56	(20) 16

16 2-Digit Subtraction — pp 32,33

1
(1) 39	(6) 49	(11) 59	(16) 39
(2) 36	(7) 46	(12) 56	(17) 36
(3) 33	(8) 43	(13) 53	(18) 23
(4) 35	(9) 45	(14) 55	(19) 25
(5) 34	(10) 44	(15) 54	(20) 24

2
(1) 24	(6) 54	(11) 42	(16) 42
(2) 22	(7) 42	(12) 40	(17) 40
(3) 20	(8) 30	(13) 38	(18) 38
(4) 18	(9) 18	(14) 36	(19) 36
(5) 17	(10) 17	(15) 37	(20) 37

17 2-Digit Subtraction — pp 34,35

1
(1) 20	(6) 50	(11) 52	(16) 42
(2) 19	(7) 39	(12) 41	(17) 31
(3) 18	(8) 28	(13) 28	(18) 24
(4) 16	(9) 16	(14) 18	(19) 14
(5) 14	(10) 14	(15) 8	(20) 4

2
(1) 28	(6) 28	(11) 70	(16) 50
(2) 26	(7) 26	(12) 58	(17) 38
(3) 14	(8) 14	(13) 46	(18) 26
(4) 7	(9) 7	(14) 34	(19) 19
(5) 5	(10) 5	(15) 22	(20) 7

18 2-Digit Subtraction — pp 36,37

1
(1) 37	(6) 60	(11) 27	(16) 49
(2) 35	(7) 48	(12) 19	(17) 37
(3) 38	(8) 41	(13) 21	(18) 18
(4) 34	(9) 17	(14) 15	(19) 6
(5) 36	(10) 9	(15) 7	(20) 0

2
(1) 46	(6) 49	(11) 58	(16) 58
(2) 35	(7) 36	(12) 46	(17) 45
(3) 27	(8) 27	(13) 40	(18) 32
(4) 18	(9) 15	(14) 27	(19) 17
(5) 0	(10) 4	(15) 5	(20) 3

19 2-Digit Subtraction — pp 38,39

1
(1) 13	(6) 20	(11) 28	(16) 40
(2) 15	(7) 22	(12) 17	(17) 29
(3) 11	(8) 18	(13) 9	(18) 21
(4) 9	(9) 16	(14) 13	(19) 15
(5) 4	(10) 9	(15) 5	(20) 7

2
(1) 41	(6) 62	(11) 51	(16) 30
(2) 35	(7) 50	(12) 40	(17) 28
(3) 30	(8) 38	(13) 29	(18) 27
(4) 19	(9) 27	(14) 18	(19) 15
(5) 7	(10) 6	(15) 7	(20) 3

20 2-Digit Subtraction — pp 40,41

1
(1) 64	(6) 62	(11) 49	(16) 13
(2) 50	(7) 59	(12) 27	(17) 59
(3) 28	(8) 37	(13) 55	(18) 26
(4) 16	(9) 9	(14) 20	(19) 18
(5) 5	(10) 2	(15) 9	(20) 7

2
(1) 32	(6) 36	(11) 38	(16) 47
(2) 19	(7) 38	(12) 17	(17) 27
(3) 7	(8) 27	(13) 46	(18) 38
(4) 26	(9) 19	(14) 9	(19) 13
(5) 5	(10) 6	(15) 0	(20) 2

21 2-Digit Subtraction — pp 42,43

1
(1) 26	(6) 26	(11) 30	(16) 48
(2) 30	(7) 29	(12) 5	(17) 8
(3) 17	(8) 15	(13) 15	(18) 19
(4) 37	(9) 15	(14) 34	(19) 36
(5) 24	(10) 26	(15) 25	(20) 45

2
(1) 58	(6) 18	(11) 45	(16) 15
(2) 22	(7) 68	(12) 18	(17) 64
(3) 23	(8) 29	(13) 18	(18) 43
(4) 29	(9) 7	(14) 29	(19) 14
(5) 38	(10) 9	(15) 38	(20) 1

2-Digit Subtraction pp 44, 45

1
(1) 27	(6) 34	(11) 10	(16) 15
(2) 29	(7) 25	(12) 28	(17) 65
(3) 36	(8) 16	(13) 15	(18) 29
(4) 47	(9) 48	(14) 21	(19) 8
(5) 37	(10) 22	(15) 8	(20) 3

2
(1) 60	(5) 5	(9) 57	(13) 69
(2) 38	(6) 33	(10) 22	(14) 36
(3) 46	(7) 18	(11) 33	(15) 53
(4) 56	(8) 28	(12) 43	(16) 7

(17) 17	(19) 35
(18) 22	(20) 9

Advice

Well done. You finished 2-digit subtraction. Let's try the next section!

23 **3-Digit Subtraction** pp 46, 47

1
(1) 50	(6) 80	(11) 90	(16) 90
(2) 60	(7) 60	(12) 70	(17) 80
(3) 70	(8) 50	(13) 60	(18) 70
(4) 80	(9) 40	(14) 50	(19) 60
(5) 70	(10) 20	(15) 30	(20) 50

2
(1) 90	(6) 80	(11) 90	(16) 80
(2) 70	(7) 60	(12) 90	(17) 80
(3) 50	(8) 40	(13) 80	(18) 90
(4) 60	(9) 50	(14) 70	(19) 90
(5) 30	(10) 20	(15) 60	(20) 90

Advice

Could you answer the 3-digit subtraction questions easily? If you felt they were difficult, try reviewing 2-digit subtraction a little more.

24 **3-Digit Subtraction** pp 48, 49

1
(1) 88	(6) 96	(11) 84	(16) 92
(2) 78	(7) 86	(12) 74	(17) 82
(3) 58	(8) 66	(13) 54	(18) 62
(4) 48	(9) 56	(14) 44	(19) 52
(5) 38	(10) 46	(15) 34	(20) 42

2
(1) 74	(6) 83	(11) 87	(16) 72
(2) 64	(7) 73	(12) 57	(17) 42
(3) 52	(8) 81	(13) 76	(18) 63
(4) 42	(9) 71	(14) 66	(19) 53
(5) 32	(10) 61	(15) 46	(20) 33

25 **3-Digit Subtraction** pp 50, 51

1
(1) 87	(6) 83	(11) 44	(16) 85
(2) 75	(7) 61	(12) 24	(17) 55
(3) 66	(8) 52	(13) 35	(18) 76
(4) 44	(9) 70	(14) 63	(19) 64
(5) 38	(10) 94	(15) 80	(20) 91

2
(1) 81	(6) 93	(11) 70	(16) 84
(2) 65	(7) 77	(12) 54	(17) 63
(3) 43	(8) 55	(13) 32	(18) 94
(4) 72	(9) 83	(14) 74	(19) 83
(5) 50	(10) 61	(15) 74	(20) 86

26 **3-Digit Subtraction** pp 52, 53

1 89

2
(1) 88	(4) 60	(7) 70	(10) 50
(2) 79	(5) 59	(8) 69	(11) 49
(3) 78	(6) 58	(9) 68	(12) 48

3
(1) 82	(6) 90	(11) 80	(16) 79
(2) 72	(7) 89	(12) 79	(17) 78
(3) 60	(8) 88	(13) 78	(18) 77
(4) 59	(9) 85	(14) 77	(19) 76
(5) 57	(10) 83	(15) 75	(20) 74

27 3-Digit Subtraction

1
(1) 72	(6) 86	(11) 79	(16) 77
(2) 70	(7) 76	(12) 69	(17) 57
(3) 69	(8) 66	(13) 49	(18) 68
(4) 59	(9) 56	(14) 89	(19) 78
(5) 39	(10) 46	(15) 99	(20) 68

2
(1) 91	(6) 91	(11) 79	(16) 77
(2) 80	(7) 86	(12) 77	(17) 88
(3) 76	(8) 63	(13) 70	(18) 48
(4) 88	(9) 84	(14) 87	(19) 57
(5) 98	(10) 96	(15) 96	(20) 36

28 3-Digit Subtraction
pp 56,57

1
(1) 90	(6) 85	(11) 65	(16) 88
(2) 60	(7) 42	(12) 72	(17) 68
(3) 60	(8) 53	(13) 70	(18) 98
(4) 90	(9) 80	(14) 79	(19) 67
(5) 30	(10) 98	(15) 99	(20) 97

2
(1) 80	(5) 80	(9) 92	(13) 67
(2) 50	(6) 89	(10) 89	(14) 98
(3) 70	(7) 75	(11) 88	(15) 68
(4) 70	(8) 95	(12) 97	(16) 49

(17) 64	(19) 81
(18) 97	(20) 89

29 3-Digit Subtraction
pp 58,59

1
(1) 97	(6) 87	(11) 98	(16) 99
(2) 95	(7) 85	(12) 96	(17) 97
(3) 93	(8) 73	(13) 91	(18) 92
(4) 94	(9) 74	(14) 93	(19) 94
(5) 92	(10) 52	(15) 95	(20) 96

2
(1) 96	(6) 98	(11) 97	(16) 87
(2) 86	(7) 88	(12) 95	(17) 85
(3) 73	(8) 75	(13) 98	(18) 78
(4) 47	(9) 49	(14) 99	(19) 49
(5) 28	(10) 30	(15) 96	(20) 26

30 3-Digit Subtraction
pp 60,61

1
(1) 87	(6) 97	(11) 85	(16) 75
(2) 76	(7) 86	(12) 67	(17) 96
(3) 55	(8) 65	(13) 78	(18) 77
(4) 33	(9) 43	(14) 69	(19) 76
(5) 8	(10) 18	(15) 94	(20) 91

2
(1) 94	(5) 95	(9) 88	(13) 95
(2) 82	(6) 83	(10) 78	(14) 85
(3) 65	(7) 66	(11) 59	(15) 84
(4) 38	(8) 39	(12) 27	(16) 52

(17) 98	(19) 73
(18) 65	(20) 63

31 3-Digit Subtraction
pp 62,63

1
(1) 56	(6) 74	(11) 99	(16) 92
(2) 46	(7) 84	(12) 79	(17) 72
(3) 56	(8) 94	(13) 93	(18) 97
(4) 27	(9) 75	(14) 98	(19) 77
(5) 57	(10) 85	(15) 68	(20) 57

2
(1) 78	(5) 98	(9) 87	(13) 72
(2) 74	(6) 97	(10) 79	(14) 64
(3) 75	(7) 88	(11) 75	(15) 71
(4) 92	(8) 68	(12) 98	(16) 97

(17) 66	(19) 95
(18) 97	(20) 69

32 3-Digit Subtraction
pp 64,65

1
(1) 140	(6) 150	(11) 160	(16) 170
(2) 120	(7) 130	(12) 140	(17) 150
(3) 100	(8) 110	(13) 120	(18) 130
(4) 130	(9) 140	(14) 150	(19) 160
(5) 110	(10) 120	(15) 130	(20) 140

2
(1) 122	(6) 154	(11) 120	(16) 124
(2) 110	(7) 152	(12) 112	(17) 132
(3) 113	(8) 150	(13) 121	(18) 118
(4) 124	(9) 148	(14) 119	(19) 109
(5) 104	(10) 146	(15) 117	(20) 126

Advice
Make sure that your answers are three digits long in this section.

(33) 3-Digit Subtraction
pp 66, 67

1
(1) 112	(6) 122	(11) 132	(16) 126
(2) 110	(7) 120	(12) 121	(17) 138
(3) 109	(8) 129	(13) 120	(18) 117
(4) 115	(9) 118	(14) 127	(19) 109
(5) 117	(10) 114	(15) 115	(20) 105

2
(1) 144	(6) 110	(11) 140	(16) 127
(2) 123	(7) 129	(12) 138	(17) 116
(3) 100	(8) 118	(13) 147	(18) 105
(4) 107	(9) 107	(14) 119	(19) 113
(5) 118	(10) 128	(15) 136	(20) 104

(34) Subtraction
pp 68, 69

1
(1) 13	(14) 21
(2) 14	(15) 24
(3) 16	(16) 34
(4) 23	(17) 13
(5) 24	(18) 23
(6) 26	(19) 43
(7) 11	(20) 23
(8) 14	(21) 33
(9) 16	(22) 43
(10) 21	(23) 21
(11) 24	(24) 41
(12) 26	(25) 51
(13) 36	

2
(1) 12	(14) 53
(2) 15	(15) 54
(3) 11	(16) 51
(4) 22	(17) 61
(5) 22	(18) 61
(6) 21	(19) 64
(7) 34	(20) 72
(8) 34	(21) 73
(9) 32	(22) 85
(10) 41	(23) 83
(11) 45	(24) 93
(12) 41	(25) 91
(13) 42	

(35) Subtraction of Tens
pp 70, 71

1
(1) 10	(14) 10
(2) 20	(15) 20
(3) 30	(16) 40
(4) 50	(17) 20
(5) 10	(18) 40
(6) 30	(19) 50
(7) 50	(20) 10
(8) 70	(21) 30
(9) 10	(22) 20
(10) 30	(23) 10
(11) 50	(24) 20
(12) 60	(25) 10
(13) 70	

2
(1) 60	(14) 60
(2) 70	(15) 70
(3) 80	(16) 90
(4) 90	(17) 50
(5) 60	(18) 60
(6) 70	(19) 90
(7) 80	(20) 50
(8) 90	(21) 70
(9) 50	(22) 50
(10) 60	(23) 70
(11) 70	(24) 30
(12) 80	(25) 30
(13) 90	

(36) Subtraction of Tens
pp 72, 73

1
(1) 3	(14) 4
(2) 5	(15) 6
(3) 8	(16) 13
(4) 11	(17) 18
(5) 15	(18) 8
(6) 18	(19) 5
(7) 3	(20) 15
(8) 5	(21) 15
(9) 7	(22) 19
(10) 17	(23) 29
(11) 18	(24) 26
(12) 28	(25) 36
(13) 25	

2
(1) 6	(14) 17
(2) 14	(15) 35
(3) 46	(16) 42
(4) 7	(17) 7
(5) 26	(18) 11
(6) 43	(19) 35
(7) 58	(20) 13
(8) 5	(21) 26
(9) 26	(22) 6
(10) 54	(23) 17
(11) 7	(24) 4
(12) 12	(25) 8
(13) 39	

(37) Subtraction of Hundreds

1

(1) 100	(14) 100
(2) 200	(15) 200
(3) 300	(16) 400
(4) 500	(17) 200
(5) 100	(18) 400
(6) 300	(19) 500
(7) 500	(20) 100
(8) 700	(21) 300
(9) 100	(22) 200
(10) 300	(23) 100
(11) 500	(24) 200
(12) 600	(25) 100
(13) 700	

2

(1) 600	(14) 600
(2) 700	(15) 700
(3) 800	(16) 900
(4) 900	(17) 800
(5) 600	(18) 600
(6) 700	(19) 900
(7) 800	(20) 500
(8) 900	(21) 700
(9) 500	(22) 500
(10) 600	(23) 700
(11) 700	(24) 300
(12) 800	(25) 300
(13) 900	

(38) Subtraction of Hundreds

pp76,77

1

(1) 20	(14) 60
(2) 40	(15) 30
(3) 70	(16) 50
(4) 10	(17) 20
(5) 50	(18) 50
(6) 80	(19) 40
(7) 30	(20) 50
(8) 40	(21) 70
(9) 70	(22) 60
(10) 70	(23) 90
(11) 80	(24) 60
(12) 20	(25) 30
(13) 60	

2

(1) 100	(14) 300
(2) 300	(15) 500
(3) 500	(16) 500
(4) 100	(17) 500
(5) 200	(18) 800
(6) 400	(19) 800
(7) 100	(20) 700
(8) 300	(21) 700
(9) 500	(22) 400
(10) 200	(23) 400
(11) 300	(24) 900
(12) 600	(25) 900
(13) 200	

(39) Subtraction of Hundreds

pp78,79

1

(1) 3	(14) 8
(2) 5	(15) 8
(3) 7	(16) 8
(4) 1	(17) 1
(5) 4	(18) 1
(6) 8	(19) 6
(7) 2	(20) 6
(8) 5	(21) 7
(9) 3	(22) 7
(10) 7	(23) 5
(11) 4	(24) 5
(12) 4	(25) 3
(13) 4	

2

(1) 200	(14) 2
(2) 400	(15) 6
(3) 6	(16) 400
(4) 5	(17) 60
(5) 20	(18) 30
(6) 40	(19) 700
(7) 600	(20) 900
(8) 800	(21) 1
(9) 100	(22) 500
(10) 400	(23) 600
(11) 300	(24) 600
(12) 20	(25) 800
(13) 100	

© Kumon Publishing Co., Ltd.   95

40 Subtraction of Thousands

1
(1) 1000
(2) 2000
(3) 3000
(4) 5000
(5) 4000
(6) 1000
(7) 2000
(8) 3000
(9) 3000
(10) 4000
(11) 5000
(12) 6000

2
(1) 200
(2) 500
(3) 400
(4) 700
(5) 600
(6) 600
(7) 300
(8) 300
(9) 500
(10) 500
(11) 100
(12) 100
(13) 900

41 Subtraction of Thousands

1
(1) 1000
(2) 3000
(3) 1000
(4) 4000
(5) 5000
(6) 7000
(7) 7000
(8) 6000
(9) 8000
(10) 4000
(11) 3000
(12) 9000

2
(1) 1000
(2) 3000
(3) 400
(4) 700
(5) 5000
(6) 8000
(7) 5000
(8) 8000
(9) 2000
(10) 600
(11) 7000
(12) 500
(13) 5000

42 Three Numbers ◆Mixed Calculations

1
(1) 58
(2) 58
(3) 8
(4) 8
(5) 10
(6) 10
(7) 20
(8) 20
(9) 3
(10) 3

2
(1) 74
(2) 6
(3) 10
(4) 9
(5) 20
(6) 10
(7) 33
(8) 50
(9) 40
(10) 30

3
(1) 25
(2) 25
(3) 5
(4) 5
(5) 13
(6) 13
(7) 28
(8) 28
(9) 57
(10) 57
(11) 12
(12) 12
(13) 13
(14) 13
(15) 40
(16) 40

4
(1) 45
(2) 3
(3) 12
(4) 11
(5) 20
(6) 33

Advice

Try putting parentheses around the easiest pair of numbers to calculate. Then do that calculation first. This will make calculating all three numbers much easier!

43 Review

1
(1) 28
(2) 41
(3) 17
(4) 16
(5) 38
(6) 7
(7) 39
(8) 36
(9) 33
(10) 19
(11) 37
(12) 36
(13) 41
(14) 19
(15) 8
(16) 54
(17) 55
(18) 70
(19) 9
(20) 4

2
(1) 93
(2) 65
(3) 53
(4) 57
(5) 75
(6) 20
(7) 94
(8) 84
(9) 95
(10) 66
(11) 36
(12) 88
(13) 62
(14) 6
(15) 87
(16) 75

3
(1) 20
(2) 24
(3) 40
(4) 50

Advice

If you made many mistakes in **1**, start reviewing on page 16.
If you made many mistakes in **2**, start reviewing on page 46.
If you made many mistakes in **3**, start reviewing on page 84.

96   © Kumon Publishing Co., Ltd.